원주

D

D

대한민국 도슨트
한국의 땅과 사람에
관한 이야기

12

원주

김경엽 지음

21세기북스

반계리 은행나무(천연기념물 제167호)

차례

원주 지도

양평군

호저면

섬강

뮤지엄 산 18

지정면

간현 관광지 12

여주시

흥법사지 6

학성동 옛 원주역 16

9 8
10 11
20

한지테마파크 19
무실동 새 원주역
박경리 문학공원 1

반계리 은행나무

문막읍

대안리 공소

흥업면

흥원창 7

지광국사현묘탑 5

4 법천사지

거돈사지 3

귀래면

남한강

부론면

충주시

횡성군

소초면

⑭ 구룡사

치악산 비로봉

② 행구수변공원

원주시

반곡동 혁신도시
㉑

영월

치악산 국립공원
⑰

⑮ 성황림

판부면

신림면

용소막성당 ⑬

❽ 원동성당
❾ 미로예술중앙시장
❿ 강원감영
⑪ 아카데미극장
⑳ 원주역사박물관

제천시

2021년 1월 4일, 몹시 추운 날이었다. 그날 저녁 나는 반곡역을 서성거리고 있었다. 몇 시간 후면 80년 역사 속으로 사라지는 간이역을 취재하기 위해서였다. 좁은 역사 안은 붐볐고, 피워 올린 석유난로의 온기는 미미했다. 역사 안팎을 카메라에 담고 있을 때, 누군가 말을 걸어왔다. 원주 MBC에서 취재를 나온 PD였다.

그의 카메라 앞에서 유서 깊은 역사가 곧 폐역이 되는 순간의 소감에 대해 말했다. 취재하러 왔다가 취재 대상이 된 것이다. 나는 이런저런 말을 했으나, 지금 기억나는 것은 딱 한마디다. "사라지는 것들에 대해서 누군가는 기록을 남겨야 하지 않을까요." 무심히 발설한 이 한마디가 이 책을 쓰는 동안 글을 밀고 나가는 든든한 버팀목이 되어주리라곤 그때는 미처 알지 못했다.

내가 원주를 떠난 건 중학교 3학년 때다. 그러니 내가 고향에서 산 시간이란 고작 15년. 이후 나머지 세월을 타지에서 떠돌았다. 21세기북스에서 원고 청탁을 받았을 때, 기쁨보다는 걱정이 앞섰던 까닭이다. 내가 고향에 대해 얼마나 잘 알고 잘 쓸 수 있을까, 고민했다. 고민은 유년 시절 고향의 기억과 그 이후 내 살아온 날들을 되돌아보는 성찰과 사색의 계기로 이어졌다. 새삼스러운 시간이었다.

타지에서 힘든 날들이 많았다. 돌이켜보니 그럴 때마다 무작정 차를 몰고 길을 나서거나 기차에 올랐다. 아무 목적지도 없이 떠났던 길. 문득 정신 차리고 보면 어느새 원주 톨게이트로 들어서거나 원주역 광장에 서 있는 나를 발견하곤 했다. 이젠 피붙이 하나 없는 고향이지만, 아득한 기억을 좇아 고향의 공기에 몸과 마음을 적시다 보면 또 살아갈 힘이 솟아났다. 신비로운 체험이었다. 그때마다 원주는 끊임없이 변화하는 도시라는 걸 실감했다. 지금은 번지수도 잊어버린, 내가 태어나고 자랐던 개운동 집터는 그 위치조차 가늠하기 어려워 그 주변만 맴돌다 오곤 했다.

지난 3년간 원고를 쓰느라 무수히 원주를 오르내렸다. 옛 기억과 흔적을 더듬기 위해 차를 버렸다. 오직 발품을 팔아 취재와 답사를 다녔다. 내가 태어난 땅을 발로 밟고 다니는 동안 잊고 있었던 많은 기억과 장소를 찾아냈다. 내 유년의 놀이터였던 원주 경찰서 앞 쌍다리 풍경도 그중 하나다. 여름이면 불어난 물에서 멱을 감고, 겨울이면 꽁꽁 언 강물 위에서 스케이트를 타던 기억은 내 생애 가장 아름다운 추억이다. 쌍다리를 건너 봉산동을 지나 살구둑 저수지와 치악산 기슭 아래 국형사까지 걸으며 옛 기억을 되살렸다. 초등학교 시절 소풍 가던 그 길을, 그 설렘을 잊고 있던 마음속 지도에서 찾아냈다.

서원주역에서 지정면 안창리 흥법사지까지 걸어간 적도 있었다. 초여름 이른 더위에 땀을 뻘뻘 흘리며 걷는 동안 몸은 지쳐 갔다. 하지만 당도한 폐사지에서 사라진 시간과 묻힌 이야기를 발굴하며 몇 줄의 귀한 문장을 얻은 기쁨에 고단했던 몸을 잊을 수 있었다. 이런 일도 있었다. 법천사지에서 거돈사지까지 걸어서 넘었던 늦가을 오후, 시나브로 어두워지는 빈 절터에서 막차를 놓쳐 당황했던 순간을 맞닥뜨렸다. 나들이 나온 중년 부부의 차를 가까스로 얻어 타고 산속에서 노숙을 피한 날은 잊어서는 안 되는 고마운 시간이리라.

원주 곳곳을 걷고 답사하는 동안 좋은 분들을 만났다. 학예사와 문화해설사 님들 그리고 이름 모르는 원주 시민들에게

서 많은 도움을 받고 조언을 들었다. 그러고도 미진할 때는 도서관에 틀어박혀 자료와 논문과 책들을 뒤적여 부족한 글을 채워 나갔다. 그러는 사이에 많은 것이 잊히고 사라졌고 끊임없이 변화해 온 원주의 시간이 마음 깊이 스며들었다. 더 잊어버리기 전에 더 사라지기 전에 기록으로 남길 수 있다면, 이 책을 쓰는 작은 보람이 될 수 있겠다 싶었다.

곧 사라질 반곡역에 깃든 아름다운 이야기와 풍경을 글로 붙잡기 위해 추운 겨울날 그곳을 서성이던 마음으로, 그 떨리던 심정으로 이 책을 독자 곁으로 떠나보낸다.

원주에서
김경엽

강원도의 최대 도시,
군사도시에서 문화와 예술,
관광의 도시로

지난 2019년 한 해가 저물기 전, 원주에는 두 가지 기쁜 소식이 날아들었다. 첫째는 원주가 '유네스코 창의도시 네트워크(UNESCO Creative Cities Network)' 문학도시로 선정되었다는 소식이었다. 유네스코가 2019년 10월 30일 홈페이지를 통해 원주시가 2019년 창의도시 네트워크 문학도시에 가입했다고 발표한 것이다. 6년 전인 2014년부터 원주시와 시민단체가 함께 꾸준히 준비해 온 결과였다.

그동안 풍부한 문화와 문학적 자산을 축적해 왔고 앞으로도 지속적으로 발전시킬 수 있는 원주의 역량을 대외적으로 인정받았다는 점에서 무척 고무적인 일이었다. 앞으로 글로

벌 문화도시로 도약할 수 있는 발판을 마련하는 계기가 되었다.

두 번째 소식은 원주에 주둔하고 있던 미군 기지인 캠프롱(Camp Long)이 원주시로 반환되었다는 뉴스였다. 미군이 주둔한 1954년 이후 65년 만에 원주 시민의 품으로 되돌아온 것이다. 곧이어 총면적 33만㎡의 부지에 원주 시민을 위한 다양한 과학·문화·예술·체육 시설 조성계획이 발표되었다. 문화도시로서 원주의 위상을 드높이는 꿈을 부풀리기에 충분했다.

이에 부응이라도 하듯 원주시는 이미 국립 강원전문과학관 유치에 성공했다. 2025년 개관을 목표로 곧 공사를 시작할 예정이다. 이뿐만이 아니다. 가까운 시일에 원주시립미술관이 건립되며 박물관과 수영장 등 시민의 편의와 휴식을 위한 각종 문화, 체육 시설이 들어설 전망이다. 옛 군사시설이 사라진 자리에 문화와 예술의 꽃씨를 막 뿌리는 중이다.

사실 2000년대 들어 원주는 급격히 변화하고 발전하고 있다. 이미 잘 알려진 대로 원주시가 혁신도시와 기업도시를 유치한 때가 2005년. 전국에서 유일하게 혁신도시와 기업도시를 동시에 보유한 도시가 되었다. 100만 평 규모의 반곡동의 혁신도시에는 정부 산하 13개 공공기관이 입주해 있다. 불과 20여 년 전만 하더라도 두엄 냄새, 흙냄새 풀풀 나던 농촌 마을이 최첨단 신도시로 거듭난 것이다. 반곡동은 수백 가구가 옹기종기 모여 살던 시골 마을에서 인구 4만 명이 넘은 신도시로 탈바꿈했다.

변화는 기업도시가 입주한 지정면에서도 일어났다. 지식기반형 기업도시를 모토로 첫 삽을 뜬 게 2008년이다. 그로부터 12년 만인 2020년 반듯한 신도시의 면모를 드러냈다. 한적한 농촌 마을이었던 이곳은 이제 2만 7,000여 명이 사는 도시로 급격히 팽창했다. 원주에서 젊은 층이 가장 많이 사는 지역이기도 하다.

기업도시에는 의료, 제약, 건강바이오 등 친환경 생태 기업들이 속속 들어서고 있다. 원주가 '첨단 의료기기 산업의 메카'라는 말은 이미 익숙한 호칭이 되었다. 원주는 문화와 예술, 산업 분야에서 급격한 변화와 발전의 도정에 있다. 인구도 꾸준히 늘어 36만 명을 넘어섰다. 강원도에서 가장 많은 인구다. 강원도의 최대 도시, 원주는 이에 걸맞게 역사 또한 오래된 도시다.

천년 고도, 북원경

원주는 지리적으로 한반도 중심부에 자리 잡고 있다. 강원도의 남서부에 위치하며 남북으로 길게 뻗은 태백산맥을 중심으

반곡동 혁신도시(위)와 지정면 기업도시(아래) 전경 원주는 전국에서 유일하게 혁신도시와 기업도시를 동시에 유치한 도시가 되었다. 2000년 이후 급격히 변화하고 있는 원주의 대표적인 모습이다.

로 서남쪽에 자리한다. 동쪽으로는 해발 1,000m가 넘는 치악산이 있다. 반면에 서쪽으로는 400~500m의 낮은 산들이 도시를 둘러싸고 있다. 동쪽은 높고 서쪽은 낮은 동고서저형 분지이다. 남한강과 섬강을 사이에 두고 충청북도 충주 및 경기도 여주와 경계를 맞대고 있다. 섬강을 따라 형성된 평야가 넓게 펼쳐져 있다.

원주에 사람이 살기 시작한 것은 대략 수만 년 전으로 추정한다. 1993년 부론면 일대에서 구석기 유물이 발견되었기 때문이다. 1995년에는 지정면에서 수십 점의 구석기 유물이 출토되어 원주지역 구석기문화의 존재는 더욱 확실해졌다. 부론면에서는 구석기 유물뿐만 아니라 신석기시대의 유물인 빗살무늬토기 조각이 출토되었다. 아득한 옛날, 강변을 따라 선사문화가 꽃피었음을 입증했다.

신석기 유물은 강변뿐만 아니라 치악산 기슭인 반곡동에서도 출토되었다. 혁신도시의 터 닦기 공사 중에 신석기인들의 집터와 토기 등 다량의 유물이 발굴되었다. 반곡동에서는 청동기시대의 유물도 출토되어 이곳이 오랫동안 선사인들의 삶터였음을 보여주고 있다. 부론면 노림리의 고인돌은 청동기시대의 대표적 유적으로 아직 그 자리를 지키고 있다.

철기 문명을 바탕으로 한 삼한시대에 원주는 마한의 가장 동쪽에 속한 땅이었을 것으로 추정한다. 따라서 3세기 중엽 백제가 마한을 병합하자 원주는 처음으로 백제에 속하게 되었다. 이후 5세기 중엽 고구려 장수왕은 강력한 남진 정책으로 백제를 밀어낸다. 고구려가 한강과 중부지방 일부를 차지하게 되자 원주는 다시 고구려 영토로 편입되었다. 이때 원주를 '평원군(平原郡)'이라 불렀다. 장수왕 57년, 서기 469년의 일이다.

신라 역사상 가장 넓은 영토를 개척했던 진흥왕은 553년 나제동맹을 깨고 백제의 영토였던 한강 하류까지 차지한다. 따라서 원주는 백제와 고구려를 거쳐 6세기에는 신라의 영토로 편입되었다. 이후 삼국을 통일한 문무왕은 678년 전국의 행정구역을 정비하며 9주 5소경을 설치한다. 5소경이란 중원경(충주), 서원경(청주), 남원경(남원), 금관경(김해)과 원주에 설치한 북원소경(北原小京)을 말한다.

5소경은 당시 수도인 경주가 너무 동쪽에 치우쳐 있기 때문에 전국에 작은 서울인 소경(小京)을 두어 지방 통치의 거점으로 삼고자 한 신라 왕실 정책의 일환이었다. 북원소경인 원주는 가장 북쪽에 위치한 도시로 신라 북방 경영의 중심적 역할을 담당했다. 경덕왕 때에는 북원소경을 북원경으로 개칭했다.

후삼국의 쟁패와 고려의 배태지

후삼국시대에도 원주는 삼국 간의 치열한 각축장이었다. 9세기 말 신라의 왕권이 쇠퇴하자 각지에서 민중 봉기가 발생했다. 이때 가장 큰 반란 세력 중의 하나가 양길이었다. 양길의 출신에 대해서는 알려진 것이 없다. 하지만 그가 원주를 근거지로 봉기한 것으로 보아 원주에 강력한 토착적 기반을 가진 호족이 아니었을까 싶다. 그는 몰락할 때까지 원주를 떠난 적이 없다고 한다. 양길은 궁예를 부하로 맞아들여 강원도 동북쪽인 인제·양구·춘천·영월·평창·강릉까지 세력을 확장한다. 강원도 지역 대부분을 차지한 것이다. 지금 치악산 성남리의 석남사 터는 양길과 궁예가 한때 천하를 도모하며 세력을 키운 역사의 현장이다.

원주 문막읍에는 후삼국 쟁패 시기 왕건과 후백제의 견훤이 일전을 겨루었던 흔적과 이야기가 전해 온다. 문막읍에는 지금도 넓은 들과 섬강을 끼고 건등산(建登山, 265m)과 견훤산성 터가 마주 보고 있다. 건등산은 왕건이 오른 산이라고 해서 후에 붙여진 이름이며 원래는 기린산이었다고 전해진다.

건등산에는 왕건이 진을 치고 견훤과 싸워 이긴 후 이 산에 올라 승전비를 세웠다고 한다. 하지만 지금은 왕건이 세웠다는 비석은 찾아볼 수 없다. 대신 건등산 등산로 입구에는 문막읍에서 세운 시비가 하나 있다. 원주 손곡리에서 은둔의 생애를 보냈던 조선 중기 시인 손곡 이달(1539?~1612?)이 쓴 '건등산'이라는 제목의 시다. 우리는 이 시를 통해 문막읍에서 벌어졌던 그날의 치열했던 전쟁과 역사의 흔적을 더듬어 보게 된다.

> 고려 태조가 군사를 이끌던 그날
> 여기 올라 천군만마를 호령했네
> 많은 영웅들이 정권을 다투었지만
> 마침내 진정한 주인이 왕위에 올랐어라
> 지난 일은 연기와 노을처럼 사라지고
> 남은 자취는 우거진 수풀 속에 찾을 길 없네
> 삼한이 하나로 통일을 이루니
> 그 공적 이 산과 더불어 영원하리라

왕건이 원주에 남긴 흔적은 여기에 그치지 않는다. 건등산에서 멀지 않은 안창리 흥법사지에도 그는 또렷한 흔적을 남기고 있다. 왕건과 궁예, 견훤과 양길은 모두 후삼국 쟁패 시기, 천하를 다투었던 주역들이었다. 치열했던 그들의 이야기와 흔적이 서려 있고, 왕건이 결정적 승리를 거둔 곳이 바로 원주였다. 따라서 원주는 고려 탄생의 배태지 역할을 했다 해도 크게 틀린 말은 아니다.

남한강 따라 피어난 고려의 불교와 문화

고려를 건국한 태조 왕건은 새로운 지방제도를 시행한다. '원주(原州)'라는 지명이 처음 생긴 것도 이때다. 통일신라 때의 이름인 북원경을 폐지하고 원주라고 개칭한 것이 태조 23년인 940년이다. 그러니까 지금의 원주는 천년이 훨씬 넘는 역사를 가진 유서 깊은 이름이다. 원주를 '천년 고도'라고 불러도 전혀 이상한 일이 아니다.

고려시대의 원주는 불교문화가 크게 융성했던 도시다. 그 중심에 남한강이 있다. 원주의 남한강에서 배를 띄우면 수도인 개경까지 3일이면 당도하는 매우 가까운 거리다. 고려 초에 설치한 조창 중의 하나인 원주의 흥원창은 영서지역의 세곡을 모아 개경으로 운송하는 장소였다. 고려 왕실의 입장에서 원주의 남한강 유역은 중앙정부의 재정에 커다란 비중을 차지하는 경제적 요충지였다.

강변을 따라 들어선 대규모의 사찰들이 크게 번성한 것도 우연한 일이 아니다. 법천사와 거돈사, 흥법사는 모두 왕실의 신임을 받은 고승들이 주석했던 거찰들이다. 왕사와 국사 같

1872년 원주목 지도 위쪽의 치악산 비로봉과 아래쪽의 섬강 물줄기가 또렷이 그려져 있다.
가운데 본부면이 강원감영이 있던 자리다.

은 고위급 승려의 파견은 불교를 국교로 삼은 고려의 정치이념을 실현하고 개국 초기 어수선한 지역 민심을 수습하려는 왕실의 정치적 고려에서 나온 행위였다. 원주 출신인 지광국사 해린뿐만 아니라 진공대사 충담, 원공국사 지종은 모두 원주를 기반으로 당시 정치와 민심, 불교와 문화를 아울렀던 인물들이다.

오래전 그들은 떠나갔고 번영했던 절들은 모두 퇴락했다. 지금 남아 있는 건 쓸쓸한 폐사지와 빈터를 지키는 유물들이다. 모두 국보와 보물급 문화재들이다. 유물들은 깊은 침묵 속에서 그날의 찬란했던 불교문화와 예술의 높은 수준을 우리에게 보여주고 있다. 남한강 물길이 개경의 선진문물이 들어오고 문화와 물류 소통의 회랑 역할을 한 덕분이다.

원주에는 대규모 폐사지만 있는 것이 아니다. 원주 도처에는 불교 유적과 유물이 흔하다. 마치 야외 박물관 같다. 봉산동의 당간지주며 귀래면 미륵산의 마애미륵불, 흥양리 마애미륵불좌상, 수암리 마애삼존불좌상, 평장리 공양보살상, 교항리 석조 불두 등이 오늘도 그 자리를 묵묵히 지키고 있다. 아직도 고향 원주를 떠나 타향살이를 하는 유물 또한 적지 않다. 서울의 용산 국립중앙박물관과 국립춘천박물관에 가면 유서 깊고 아름다운 원주의 유물들을 볼 수 있다.

조선 500년의 수부 도시

원주는 조선시대에 강원감영이 설치된 도시다. 조선을 건국한 태조 이성계는 수도를 한양으로 옮기고 전국을 8도로 구획한다. 이때 지금 쓰고 있는 강원도라는 명칭도 생겨난다. 강릉의 '강'자와 원주의 '원'자를 합쳐 지은 이름이다. 1395년 원주에 설치된 강원감영은 1895년까지 유지되었다. 500년의 긴 시간이다. 500년 동안 원주는 강원도의 수부(首府) 도시로서 정치 · 행정 · 문화 · 경제 · 군사 · 사법 · 교육 등 모든 분야에서 중심적 역할을 한 것이다.

감영의 건물은 임진왜란 때 모두 소실되었다고 한다. 현재 남아 있는 건물 중 가장 오래된 건물이 선화당이다. 선화당은 관찰사가 공무를 보던 장소로 감영 내의 중심 건물이다. 1665년에 지었다고 하니 300년이 훨씬 넘는다. 전해 오는 기록에 따르면 1875년(고종 12)에는 모두 53동의 관아 건물이 있었다고 한다. 지금 남은 몇 동의 건물과 비교한다면, 당시 강원감영의 규모와 위용이 어떠했을지 충분히 짐작된다. 지금의 원인동과 일산동 일대는 관청 건물이 빽빽하게 들어선 화려하고 거대한 행정 타운이었을 것이다.

강원감영은 1907년 발생한 정미의병의 기폭제 역할을 한 곳이기도 하다. 1895년 강원감영이 춘천으로 옮겨간 후 그 자리엔 대한제국 지방군대인 원주 진위대가 주둔하고 있었다. 1907년 8월 1일, 일제는 대한제국의 군대 해산령을 내린다. 이에 항거해 무장봉기를 일으킨 사람이 바로 원주 진위대 소속 특무정교 민긍호였다.

그가 무기고를 탈취하고 군인들을 모아 일본군과 전투를 시작했다. 8월 6일의 일이다. 원주가 지방에서 처음 일어난 정미의병운동의 시발점이 된 것이다. 원주의 영향으로 의병운동은 전국으로 빠르게 확산되었다. 의병장 민긍호는 원주를 비롯해 횡성 · 홍천 · 춘천 · 여주 등지에서 100여 차례 무장투쟁의 선봉에 섰다. 하지만 이듬해인 1908년 2월 치악산 기슭에서 체포되어 생을 마감한다. 그는 현재 봉산동 묘역에 잠들어 있다.

중동부 전선의 요충지

한국전쟁 동안 원주 역시 치열한 격전지였다. 원주지구 전투는 1950년 12월 31일 시작된 중공군의 이른바 3차 공세와 깊은 관련이 있다. 중공군의 공세에 힘입어 서울을 다시 점령한 북한군은 주된 공격을 중동부 전선으로 돌렸다. 그 중심에 원주가 있었다. 원주를 점령하면 곧바로 남진하여 대전과 대구까지 진출할 수 있었기 때문이다. 원주가 전략적 요충지로 급

부상한 것이다.

당시 원주는 미 제10군단 예하 2사단이 방어 임무를 맡고 있었는데, 1951년 1월 7일 북한군의 공격으로 원주를 빼앗기게 된다. 그때부터 원주를 탈환하기 위한 치열한 전투가 연일 벌어졌다. 1월 11일에는 네덜란드와 프랑스 대대가 미 2사단에 배속되어 북한군 3개 사단(2, 9, 31사단)과 격렬한 공방전을 벌인 끝에 마침내 원주를 탈환했다.

원주지구 전투의 승리는 북한군이 원주 점령을 발판으로 대전과 대구 등지로 남하하여 아군을 후방에서 포위, 공격하고자 한 기도를 분쇄했다는 데 큰 의의가 있다. 또한 국군과 유엔군이 후퇴를 거듭하던 시기에 북한군의 남진을 저지하고 공세로 전환할 수 있는 결정적 계기가 되었다. 현재 태장동에 있는 '원주지구전투전적비'는 그날의 승리와 유엔군의 희생을 기억하고 추모하기 위해 1953년 3월 15일 건립된 탑이다.

전쟁이 끝난 후 원주는 1955년 원주시로 승격된다. 전후 복구 과정에서 군부대의 주둔과 지원이 큰 역할을 했다. 1953년 이후 원주에는 제1야전군사령부와 여러 부대가 집중적으로 배치되고 주한미군까지 주둔하게 된다. 원주가 '군사도시'라는 이미지를 갖게 된 건 이때부터였다.

원주 구도심에는 세 갈래의 간선도로가 지나고 있는데 이

길의 이름을 아직도 A도로, B도로, C도로라고 기억하는 사람들이 적지 않다. 이 도로명은 한국전쟁의 와중에서 군사상 편의에 따라 붙여진 이름이었다고 한다. '원일로, 중앙로, 평원로'라는 현재의 이름은 1977년 원주시가 시민을 대상으로 한 공모를 통해 새로 지은 이름이다.

1970년대 민주화운동과 지학순 주교

근대 이후 한국의 민주화운동사에서 원주는 한 획을 긋는 중요한 도시다. 흔히 '1970년대 원주, 1980년대 광주'라고 불릴 정도로 원주는 1970년대 민주화운동의 강력한 진앙지였다. 그 중심에 원동성당이 있었고, 지학순 주교와 무위당 장일순 (1928~1994)이 있었다.

1960년대만 하더라도 원주교구 지역은 경제적으로 무척 낙후한 곳이었다. 지학순 주교는 이를 개선할 목적으로 원동성당 내에 원주 최초의 신용협동조합을 설립하게 된다. 이때 함께 일할 사람으로 소개받은 이가 바로 재야인사 무위당이었다. 무위당은 조합의 이사장직을 맡으며 두 사람의 운명적인 만남이 시작되었다. 이후 두 사람은 평생 동지적 관계를 유지한다. 1970, 80년대에 벌어진 원주에서의 민주화운동과 협동조합운동 그리고 교육운동과 생명운동의 중심에는 항상 두 사람이 있었다.

원동성당은 1970년대 내내 불의한 정권에 저항했다. 부정부패를 규탄하고 민주화를 외치는 가두시위를 벌였다. 지학순 주교가 선두를 이끌었다. 엄혹한 군사정권 시절, 진실로 용기 있는 행동이었다. 비열한 독재정권은 민청학련 사건을 빌미로 삼아 지학순 주교를 구속하는 만행을 저지른다. 하지만 성직자의 구속은 민주화운동의 불길에 기름을 들이붓는 기폭제가 되었다. 전국의 젊은 사제들이 원동성당에 모여 이에 조직적으로 항의한 것이다. 이 모임이 천주교정의구현전국사제단을 출범시키는 직접적인 계기가 된 건 원주 민주화운동사에서 매우 중요한 의미를 갖는다.

무위당과 생명운동

1928년 원주 평원동에서 출생한 무위당(无爲堂) 장일순은 평생을 재야인사이자 생태주의자, 생명사상가로 산 인물이다. 서울에서 학교를 다녔지만, 한국전쟁 이후에는 줄곧 원주에 머물렀다. 젊은 시절 진보적인 정당에서 활동했고, 평화적인 중립화 통일론을 주장했다는 이유로 5·16쿠데타 후 3년간 옥살이를 했다. 그 후 군사정권에 의해 요주의 인물로 감시받는 생활을 이어간다.

1970년대 그의 봉산동 집에는 명망 있는 학자나 민주화 운동가들의 발길이 끊이지 않았다. 백기완·백낙청·리영희·송건호·이부영 등 수많은 인사들이 그와 교류하며 인연을 맺었다. 무위당의 사상에서 엄혹한 시대를 헤쳐 나갈 지혜를 얻고자 한 것이다. 유신과 5공 시대에 민주 인사들이 모인 자리에서는 으레 그의 이름이 거론되었다고 한다. 무위당은 민주 인사들의 구심체 역할을 하면서도 언제나 겸손하고 평범한 이웃의 모습이었다.

그는 1970년대에 이미 지구의 환경과 생태를 걱정할 만큼 앞서간 선각자이기도 했다. 일찍이 해월 최시형의 동학사상과 노자 사상에 눈떴다. 여기에서 현대의 위기를 극복할 생태와 생명 사상의 단초를 발견했다. 이것이 그를 평생 지배한 사상적 배경이 되었다.

1960년대 신용협동조합에서 출발한 운동이 70년대를 거쳐 80년대 한살림운동으로 결실을 보게 된 건 그의 이런 사상과 깊은 관계가 있다. 한살림운동은 단순히 도농 농산물 직거래운동에 그치지 않는다. 인간만이 아닌 자연과도 공생해야 지구가 직면한 위기를 해결할 수 있다는 문제의식이 내포되어 있다. 그런 점에서 원주의 한살림운동은 죽어가는 지구를 살리는 환경운동이자 생태운동이며 더 나아가 생명운동이라는 의미를 지닌다. 그 중심에 무위당의 사상이 있었다.

군사도시에서 문화와 예술, 관광의 도시로

1994년 8월 15일은 광복 49주년이 되는 뜻깊은 날이었다. 하지만 원주에서는 이날 또 다른 경사스러운 일이 있었다. 장편 대하소설『토지』가 탈고된 날이었다. 그동안 단구동에서 소설을 집필하던 박경리 선생이 원고지 마지막 장에 마침표를 찍은 것이다. 8월 15일 새벽이었다. 소설을 쓰기 시작한 1969년부터는 25년, 선생이 원주에 거주하기 시작한 1980년부터는 14년 만의 일이었다. 이로써 원주는 한국 문학의 거대한 봉우리『토지』가 완성된 자랑스러운 도시가 되었다. 문학과 예술의 도시라는 명예가 한 뼘 더 두터워지는 순간이었다. 선생은 떠나셨지만 생전에 소설 집필에 몰두했던 단구동 자택은 오늘도 선생이 남긴 흔적과 소설의 향기로 가득하다.

2000년 이후 원주는 가파르게 변화하고 있다. 앞에서 이미 말했듯이 혁신도시와 기업도시를 유치함에 따라 21세기 미래형 첨단 도시로 첫발을 내디뎠다. 그동안 다소 아쉬웠던 '관광 원주'의 이미지를 단박에 끌어올린 일도 있었다. 간현 관광지 내 소금산 출렁다리가 2018년 1월에 개통된 것이다. 그해 200만 가까운 국내외 관광객을 불러모으는 '대박'을 터뜨렸다. 간현 관광지의 변화는 여기에서 그치지 않는다. 간현 관광지 종합 레저시설인 '소금산 그랜드 밸리'와 '나오라쇼'의 시설 공사가 2022년에 완공되었다. 이제부터는 주야간 모두 즐기는 환상의 간현 관광지로 거듭나게 된다.

매년 가을이면 원주는 도시 전체가 들썩인다. 신바람 난 춤판이 곳곳에서 벌어진다. 2012년부터 시작된 원주 다이내믹 댄싱 카니발 덕분이다. 어느덧 10년을 훌쩍 넘기면서 원주를 대표하는 축제로 자리 잡았다. 국내 최대 규모의 댄싱 축제 기간에는 국내외 댄싱팀과 관광객 수만 명이 원주를 찾는다. 메인 무대인 댄싱 공연장뿐만 아니라 원주 곳곳에서 춤꾼들의 화려한 군무가 연일 펼쳐진다. 오래된 군사도시 원주에서 역동적인 원주, 춤추는 원주는 21세기 문화와 예술의 도시로 변화하는 원주를 가장 잘 보여주는 모습이다.

여기에 부응이라도 하듯 2019년 12월에는 문화체육관광부로부터 원주가 제1차 법정문화도시로 지정받았다. 앞으로 '문화도시 원주'라는 도시 브랜드를 사용할 수 있게 된 것이다.

2021년 새해 벽두, 원주에는 새로운 고속열차 시대가 열렸다. 학성동의 원주역이 80년 만에 폐쇄되고 무실동에 새 원주역이 들어선 것이다. 기존의 만종역을 포함해서 새로 개통한 서원주역과 원주역에는 모두 KTX가 정차한다. 고속열차

원주 다이내믹 댄싱 카니발 2012년 시작한 축제는 국내 최대 규모의 댄싱 축제로 성장했다. 원주를 대표하는 축제 중 하나로 매년 가을이면 원주 전체가 들썩인다.

가 정차하는 역을 세 군데나 보유하게 된 셈이다.

여기에 영동고속도로와 제2영동고속도로 그리고 중앙고속도로가 원주를 지나간다. 중부 내륙 교통의 중심 도시로서 원주는 사통팔달 뚫려 있다. 청량리역에서 원주역 사이를 40분대면 오고간다. 원주의 변화만큼 빠른 속도다. 인적·물적 교류가 한층 빨라졌다. 아울러 원주-여주 간 복선전철 사업이 예정되어 있다. 현재 원주는 미래를 향해 달려가고 있는 중이다.

01

박경리 문학공원
소설 『토지』와 문학 창의도시 원주

한국인이면서 박경리와 그의 소설 『토지』를 모르는 사람이 있을까. 다른 지역은 몰라도 원주 시민이라면 그의 이름과 소설을 모르는 사람은 없을 것이다. 선생이 원주에서 산 28년은 결코 짧은 세월이 아니다. 뿐만 아니라 장장 25년 동안 쓴 『토지』를 완간한 곳이 바로 단구동 옛집이다.

　여름날 찾아간 단구동 옛집은 고요하고 쓸쓸했다. 생전에 선생이 가꿨던 나무들만 푸른 그늘을 드리우고 있다. 선생이 떠난 빈 마당을 지키는 건 바위 위에 걸터앉은 그의 황동빛 동상이다. 가까이 다가가 앉으니, 막 밭일을 마치고 잠시 쉬고 있는 듯 선생의 거친 숨결이 들려올 것만 같았다. 그의 체취와 흔적이 고스란히 남아 있는 단구동 옛집 자리가 바로 박경리 문학공원이다.

『토지』가 탄생한 자리

박경리(1926~2008) 선생이 서울에서 원주로 이사 온 건 1980년 봄이다. 이후 2008년 5월 5일 타계할 때까지 줄곧 살았으니, 83년의 생애 중 28년을 원주에서 보낸 셈이다. 그가 원주로 이사 오게 된 사연은 굴곡 많았던 가족사와 깊은 관련이 있는 듯싶다. 사위인 김지하(1941~2022) 시인의 구속으로 인해 홀로 애쓰던 외동딸과 손자를 돌보기 위해 원주로 거처를 옮겼다.

> "원주로 옮겨온 것은 20년 전의 일입니다. 딸아이와 손자가 남편도 없이 애비도 없이 시가에 살고 있었기에 울타리라도 되어 주자고 서울 살림을 걷고 원주로 내려왔던 것입니다. …… 어떤 분은 내가 글 쓰기 위해 원주로 왔다고 생각하는 모양이지만 그건 내게 사치스런 것이었습니다. 나는 인생만큼 문학이 거룩하고 절실하다고 생각하지 않습니다. 단구동의 뜨락은 꽤 넓었고 그것이 내 세계의 전부였습니다."[1]

박경리 문학공원 표지석 이곳을 찾는 사람들은 한국 문학의 기념비적 작품 『토지』가 탄생한 자리와 박경리 선생을 영원히 기억할 것이다.

혈육이 겪는 고통은 바로 선생 자신의 고통이기도 했을 것이다. 그런 혈육을 위해 서울을 떠나 정착한 곳이 바로 지금의 단구동 옛집이었다. 지금도 단아한 2층 양옥과 600여 평의 넓은 텃밭은 옛 모습 그대로다. 이곳에서 선생은 혼자 살며 읽고 쓰는 것이 하루 일과의 전부였다. 쓰다가 막히면 텃밭에 나가 손발이 닳도록 풀을 뽑고 호미질을 하곤 했다.

선생은 1996년까지 이 집에 거주하면서 『토지』 집필에 매진하게 된다. 『토지』 4부와 5부를 마무리했는데 『토지』 전체 분량의 4할이 조금 넘는다. 1969년부터 집필하기 시작해서

---

1 박경리, 『신원주통신─가설을 위한 망상』, 나남, 2007.

1994년 8월 15일 새벽 2시, 마침내 마지막 장을 탈고했다. 25년에 걸친 장편 대하소설 4만여 매 분량의 원고지에 마침표를 찍었다. 단구동 옛집이 한국 문학사상 최고의 작품이 탄생한 기념비적인 장소가 되는 순간이었다.

원주 시민 박경리와 문인들

원주에서 사는 동안 선생은 변변한 외출 한번 한 적이 없다고 한다. 세속의 잡다한 일과는 거리를 두고 늘 혼자만의 시간 속에서 창작에 몰두했다고 한다. 이런 치열한 작가정신이 없었다면 600명이 넘는 『토지』 속 인물들을 그렇게 생생하게 그려내지 못했을지도 모른다. 실제로 선생은 창작의 자유를 위해 스스로를 가두는 일의 어려움을 고백하기도 했다.

> "작가가 진정한 자유를 원할 때는 스스로 차단을 해야만 해요. 그러니까 내가 25년 토지를 쓴 세월은 완전히 내 스스로 차단한 …… 내 스스로가 차단한다는 것도 참 힘든 일이었어요. 그 싸움이 글 쓰는 이상의 싸움이었어요."[2]

---

2 박경리, 앞의 책.

혼자 있는 동안 선생은 손수 텃밭을 가꾸고 씨를 뿌리고 수확하는 데 많은 시간을 할애했다. 넓은 텃밭 마당에서 배추와 고추, 감자, 고구마, 대추 등 수확물을 때맞춰 기르고 거둬들였다. 종종 마당에 찾아오는 새나 고양이들도 맨입으로 보내지 않았다. 먹다 남은 음식 찌꺼기조차 물로 헹궈 바위 위에 널어놓으면 녀석들이 다가와 한입씩 물고 가곤 했다. 노동과 문학, 생명과 문학에 똑같은 가치를 배분하고 실천했던 곳이 바로 텃밭이었다. 그러므로 단구동 옛집은 『토지』를 완간한 문학사적 의미만 있는 장소가 아니다. 선생의 평생 지론이었던 생명사상을 실천하고 정립해 간 흙과 노동의 장소이기도 하다.

선생이 원주에 정착한 이후 많은 문인 작가와 언론인들이 단구동 자택으로 선생을 뵈러 오곤 했다. 그들은 언젠가부터 자연스럽게 '원주' 하면 '박경리'를, '박경리' 하면 '원주'를 떠올렸다고 한다. 소설가 박완서 · 최일남 · 이문구 · 박상륭에서부터 시인 이문재, 문학평론가 정현기 외에도 많은 문인 작가가 단구동 옛집의 손님이었다고 한다. 돌아올 때는 선생이 직접 가꾸고 키운 나물이며 채소들을 한 꾸러미씩 들려 보냈다는 후일담을 아직까지 기억하는 이들이 많다. 이젠 고인이 된 박완서 작가의 추억담도 그중의 하나로 선생의 자상했던 인품을 우리에게 전해 주고 있다.

"내가 차마 견디어내기 힘든 비통 중에 있을 때도 원
주에 가는 차편이 생겼을 때는 떨치고 일어나 따라나
섰다. 그때 거기서 싱싱한 배추속대를 안주 삼아 술을
억병으로 마시면서 절절히 맛본 서러움과 그분 인품
의 인자함과 넉넉함을 어찌 잊을까. 댁은 혼자 사시기
에도, 손님을 맞기에도 넉넉하고, 시름을 털어놓기에도
넉넉하다."[3]

문학공원 조성과 소설 『토지』의 날

단구동 옛집은 1989년 택지개발지구로 편입되어 철거될 뻔한
적이 있었다. 유서 깊은 작가와 문학의 산실이 하마터면 포크
레인에 부서져 영영 사라질 뻔했다. 그러나 지역 문화계 인사
들의 노력과 건의에 따라 한국토지공사가 공원 부지로 결정해
선생의 옛집을 보존할 수 있게 된다. 1997년부터 2년간 공사
끝에 1999년 5월 공원을 개장했는데 이때의 이름은 토지문학
공원이라고 했다. 이후 2008년 선생이 타계하신 그해 8월부

---

3 박완서 외 17인, 『수정의 메아리-박경리의 삶과 문학』, 솔, 1995.

단구동 옛집과 박경리 선생의 동상 16년 동안 거주하며 마침내 『토지』를 탈고한 역사적인
장소다. 선생이 떠나신 자리. 지금은 황동빛 동상으로 남아 아직 옛집을 지키고 계신 듯하다.

터 박경리 문학공원으로 명칭을 변경해 지금에 이르고 있다.

박경리 문학공원은 선생이 거주하던 옛집과 마당을 원형대로 보존하고 있다. 옛집을 중심에 두고『토지』의 배경으로 나오는 '평사리 마당', '홍이 동산', '용두레벌' 세 개의 테마 공원을 조성해 주변에 배치하고 있다. 공원길을 따라 천천히 한 바퀴 걷다 보면『토지』속 풍경과 인물과 이야기가 아스라이 떠오른다. 박경리 문학공원으로 가는 길은 평생 한길만을 걸었던 작가와 그가 남긴 위대한 작품을 동시에 기리는 문학적 산책길이다.

박경리 선생은 자신의 집을 문학공원으로 내어준 후 1998년 흥업면 매지리 소재의 토지문화관 옆에 새로 지은 '작가의 집'으로 이사한다. 토지문화관은 작가 박경리와『토지』의 문학적 성과를 기념해 지은 공간이다. 개관한 이후 지금까지 작가들에게 입주 공간을 제공해 창작에 전념할 수 있도록 하는 레지던시 프로그램을 운영하고 있다.

박경리와 그의 문학을 기리는 행사도 있다. 2010년부터 개최해 오던 '박경리 문학제'가 2020년 이후 무산되어 많은 아쉬움을 남겼지만, '소설『토지』의 날' 행사는 지금까지 이어지고 있다. '소설『토지』의 날'은『토지』를 탈고한 8월 15일을 기념하기 위해 2007년부터 시작된 행사다. 매년 8월 15일이면 박경리 문학공원을 중심으로 『토지』 필사하기, 박경리 시 낭송대회 등 다양한 프로그램이 펼쳐진다.

공교롭게도 8월 15일은 『토지』와 관련해 매우 흥미로운 날이다. 소설 『토지』는 일본이 항복한 소식을 전해 듣는 1945년 8월 15일에 끝난다. 선생이 마지막 원고의 마침표를 찍은 날도 8월 15일이니, 8월 15일은 우리의 광복절인 동시에 선생으로선 길고 긴 25년간의 '글 감옥'에서 해방된 날이기도 하다.

유네스코가 선정한 문학 창의도시

2019년 10월 31일은 원주시가 '유네스코 창의도시 네트워크'에 가입을 승인받아 문학 창의도시로 선정된 날이다. '유네스코 창의도시 네트워크(UNESCO Creative City Network)'란 각국 도시 사이의 연대와 협력을 통해 상호 간의 경제·사회·문화적 발전을 추구하는 글로벌 플랫폼이다. 유네스코는 도시 고유의 문화적 자산과 창의력을 기반으로 문화산업을 육성하고 향후 지속 가능한 성장 동력을 찾자는 취지에서 창의도시라는 새로운 개념을 수립했다. 이러한 취지에 따라 2004년 출범한 유네스코 창의도시 네트워크는 세계 각국 도시를 심사해 문학·영화·음악·디자인·음식·미디어아트·공예와 민속예술 모두 7개 분야에서 창의도시를 선정하고 있다. 원주시가

박경리 뮤지엄 선생이 만년을 보냈던 토지문화관 옆의 자택이다. 생전에 사용하던 가재도구와 옷가지가 그대로 걸려 있다. 잠시 외출한 듯 작가의 온기가 생생하게 느껴지는 공간이다.

그중에서 문학도시로 선정된 것이다.

물론 이 놀라운 결실은 그냥 얻어진 것이 아니다. 지난 2014년부터 원주시와 시민 중심의 민간단체가 협력해 '유네스코 창의도시 네트워크' 가입을 위해 치밀하게 준비해 온 결과다. 마침내 2018년 6월 최종 신청서를 제출한 결과 유네스코 본부로부터 가입 승인을 받게 된 것이다.

바야흐로 원주가 문학을 브랜드로 하는 글로벌 도시로서 도약할 발판이 마련된 셈이다. 이에 따라 전 세계 창의도시들 또는 문학 창의도시들끼리 모이는 연례회의나 네트워크 컨퍼

런스에 참가해 문학도시 원주의 위상을 한껏 드높일 날이 멀지 않았다. 해외 작가에게도 상을 수여하는 박경리 문학상이 문학도시 원주를 세계에 널리 알리는 데 보탬이 되기를 바라는 마음도 간절하다.

박경리 뮤지엄 개관

2021년 11월 1일, 박경리 뮤지엄이 개관했다. 흥업면 소재 토지문화관 옆 작가가 살던 집을 뮤지엄으로 꾸민 것이다. 뮤지엄은 크게 3개의 전시실로 구성된다. 그중 박경리 선생이 살던 작가의 집인 2전시실이 단연 우리의 눈길을 끈다. 단구동 옛집을 떠나 1998년부터 2008년까지, 그러니까 생애의 마지막 10년을 살던 곳이기 때문이다.

오랫동안 외부에 노출되지 않았던 공간을 처음으로 원형 그대로 공개한 것이다. 실내로 들어가면 가재도구와 생활용품들이 선생이 생전 사용하던 그대로 놓여 있다. 부엌의 주방용품이며 거실의 찻잔과 낡은 선풍기며 목 부러진 목각 불상까지 선생의 손때가 묻은 일상 도구가 가지런하다. 선생이 잠깐 자리를 비운 듯 생활의 흔적은 생생한데, 탁상용 달력은 선생이 떠난 2008년 5월에 멈춰 있어 보는 이를 먹먹하게 한다.

앉은뱅이책상에는 마지막까지 교정을 보던 원고지가 그대

로 펼쳐져 있다. 박경리 뮤지엄은 작가로서 그리고 한 인간으로서 박경리의 마지막 흔적과 숨결을 깊이 호흡해 볼 수 있는 귀한 장소인 셈이다.

02

행구수변공원
'흰다리 연못'을 아시나요?

원주의 동쪽에 행구동이 있다. 치악산 아래 바짝 붙어 있다. 올려다보면 치악산이 병풍처럼 두르고 있다. 사계절의 변화를 산이 먼저 알려주는 아름다운 곳이다. 행구(杏邱)라는 이름 또한 아름답다. 행구는 살구[杏] 둑[邱]이다. 봄이면 통통하게 익은 살구 향기가 마을마다 노랗게 퍼져 나갔다.

　이렇게 아름다운 마을에 몇 해 전 현대식 공원이 들어섰다. 2014년 4월에 준공된 4만 9,000㎡ 규모의 행구수변공원이다. 공원 내에 커다란 저수지가 있어서 붙여진 이름이다. 공원이 들어서기 전 이 저수지는 원주 시민들이 휴일이면 낚싯대를 드리웠던 곳이다. 그때는 '살구둑 저수지'라고 불렀다.

잠자리와 물뱀이 있는 추억

그러나 나의 오래된 기억 속에서 이곳은 공원이나 낚시터와는 거리가 멀다. 10살 무렵의 유년 시절, 6월이면 마을의 또래 아이들과 어울려 놀러 가던 놀이터였다. 내 기억으로는 이곳을 '흰다리 연못'이라고 불렀다. 푸른 연못은 깊었고, 수면은 언제나 고요했다. 주변엔 아름드리 버드나무들이 빽빽이 우거졌다. 한여름 그늘 속으로 들어가면 한낮에도 어두컴컴했다. 서늘한 기운에 온종일 더운 줄도 몰랐다. 그곳을 가만히 떠올리면 지금도 온몸이 푸르게 물든다.

여름 내내 잠자리 떼가 연못 하늘을 새카맣게 날아다니곤

치악산과 행구수변공원 잠자리가 날고 물뱀이 헤엄치던 옛 저수지가 현대식 공원으로 탈바꿈했다. 사계절 내내 원주 시민의 쾌적한 쉼터가 되었다.

했다. 그냥 잠자리보다 두세 배 정도 큰 왕잠자리였다. 많이는 말고 조금만 과장하자면, 잠자리 대가리가 공군 조종사 헬멧 크기만 했다. 번들거리는 눈깔을 마주 보고 있으면 좀 무섭기도 했다. 허공을 잠자리채로 휘저으며 온종일 뛰어다니다 보면 배가 고파왔다. 먹지도 못할 잠자리를 쫓느라 어지간히 지칠 무렵이면 저 연못 끝에서 새로운 놀이거리가 나타나곤 했다.

잠잠한 수면에 유연한 곡선을 그리며 다가오는 저것. 곡선은 아름다웠고, 아름다운 곡선 탓에 수면은 더욱 고요했다. 여름에 갓 태어난 물뱀은 푸르고 싱싱했다. 연못을 건너오다 우리와 눈이 딱 마주치면 그 자리에 멈칫하는 것도 잠시, 방향을 90도로 바꿔 달아나기 시작한다. 그러면 우리들은 와! 함성을 지르며 쫓아간다. 뭍으로 올라온 뱀은 온 힘을 다해 달아나지만 이내 헥헥거린다. 아이들의 잠자리채와 벗은 신발로 몰매를 맞을 무렵 긴 여름 해는 기울고 뱀은 축 늘어졌다.

돌아오는 길에선 아카시아 한 송이를 뜯어 밥처럼 한 입 베어 물었다. 그러면 입안의 꽃향기가 온종일 비었던 창자까지 파고들었다. 자갈 반, 흙 반인 비포장 길을 어쩌다 버스 한 대 덜컹거리며 지나가면, 보얗게 일어나는 먼지를 온몸에 뒤집어썼다. 맞은편에서 오던 여자들이 우리와 가까이 마주치자마자 뒤로 자빠질 듯 비명을 지르기도 했다. 우리 친구 중엔

축 늘어진 뱀을 목걸이처럼 목에 걸고 가던 아이도 있었기 때문이다. 잠시 후 저 뒤쪽에서 쌍욕 한 바가지가 뒤통수로 날아들었다.

기후변화와 물을 테마로 한 공원

행구수변공원은 기존 공원과는 차별화된 공원이다. 기후변화와 물을 테마로 한 공원이기 때문이다. 공원 내에는 기후변화 대응 교육연구센터와 기후변화 홍보관이 들어서 있다. 갈수록 심각해져 가는 기후 위기에 선제적으로 대응하는 도시, 원주다운 모습이다. 그래서 행구수변공원을 '행구기후테마공원'이라고도 부른다. 여기에 어울리게 건물 주변으로는 태양광 발전 시스템과 신재생에너지를 활용한 놀이시설을 설치했다.

공원 내에는 다양한 휴식과 물놀이 시설뿐만 아니라 미니 골프장까지 들어서 있다. 산책로와 함께 저수지를 가로지르는 수변 데크가 설치되어 있어 언제든지 여유롭게 걷거나 쉴 수 있는 공간이 충분하다. 야외 공연무대까지 갖추고 있어 사계절 다양한 공연과 축제가 펼쳐진다.

저물 무렵이면 노을을 배경으로 힘차게 뻗어 올라가는 분수도 볼 수 있다. 재미있는 건 분수대가 무동력 수경시설이란 점이다. 근처 치악산 계곡과 공원의 90m 표고차에서 발생하는 자연 압력을 이용한 분수라고 한다. 전기를 쓰지 않고 자연의 힘에 의해 가동되는 친환경 생태공원을 잘 보여주는 사례다.

밤이면 곳곳에 조명이 켜지는데, 공원의 야경을 즐기며 가족과 함께 산책하거나 데이트를 즐기는 연인들을 흔히 볼 수 있다. 야경까지 아름다운 공원에서 나의 가장 깊은 관심을 끌었던 장소는 역시 기후변화 대응 교육연구센터와 기후변화 홍보관이었다.

우리는 자연의 이자로만 살아야 한다

'기후변화'라는 공통적인 이름에서 이곳이 무슨 일을 하는 곳

행구수변공원의 분수와 데크 산책로 치악산을 배경으로 분수가 힘차게 치솟는다. 야간 조명이 켜지면 호수는 아름다운 빛으로 물든다.

기후변화 홍보관(위)과 홍보관 내 박경리 선생의 말씀(아래) 지구온난화로 인한 이상기후 현상과 악화되는 지구환경을 알리고, 우리가 지금 어떻게 대처해야 하는지를 다양한 전시물을 통해 체험하게 한다. 박경리 선생의 말씀 속에 어쩌면 모든 해답이 들어 있다.

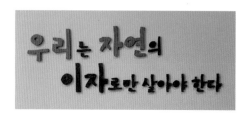

인지를 짐작하기란 어렵지 않다. 기후변화 대응 교육연구센터와 기후변화 홍보관은 원주시와 원주지속가능 발전협의회가 운영 주체라고 한다. 지구온난화로 인한 이상기후 현상을 우리는 지금 이 시각에도 겪고 있다.

연구센터에서는 이러한 기후변화에 대응하기 위한 논의와 연구, 교육 프로그램을 운영하고 있다. 더 나아가 지구온난화의 원인인 온실가스의 감축을 위한 실천적인 사업들이 추진되고 있다. 갈수록 악화되는 지구 환경 속에서 지속가능한 삶의 방식을 고민해야 할 시점에 이른 것이다.

기후변화 홍보관에 들어서는 순간, 눈에 들어온 표어 한 줄 앞에서 나는 가슴이 철렁 내려앉는다. 그리고 뭉클했다.

"우리는 자연의 이자로만 살아야 한다."

현재 벌어지고 있는 환경위기의 원인은 물론 그 처방까지 이보다 더 압축적으로 보여주는 말이 또 있을까 싶었다. 가슴이 철렁했던 것은 저 짧은 문장에 담긴 생태적, 철학적 단호함 때문이었다. 그리고 저 문장이 『토지』의 작가 박경리 선생의 말씀 중에서 나왔다는 사실에 가슴이 뭉클했다. 선생은 지난 2005년 SBS 드라마 〈토지〉의 여주인공을 맡았던 배우 김현주

씨와의 대담(《조선일보》 2005년 5월 16일자)에서 이렇게 일갈한 적이 있다.

"우리는 자연의 이자로 살아가는 거야. 땅에다 씨를 뿌려 거두는 것도 이자, 자식을 공부시켜 사회에 나가 돈을 벌어오는 것도 이자지. 우리는 자연의 이자로만 세상을 살아야지, 원금을 까먹으면 끝이야. 땅을 훼손해서는 안 돼."

선생의 경고와는 달리 현재 우리는 이자는 물론 자연이란 원금마저 다 까먹고 바닥을 드러내는 불길한 징후와 시시각각 맞닥뜨리고 있다. 온난화의 주범인 이산화탄소를 발생시키는 인간의 생활에 대한 관성은 이 순간도 그칠 기미가 없다. 자연에 대한 무분별한 개발과 착취의 결과가 현재 지구를 휩쓸고 있는 태풍·홍수·가뭄·폭염 등 무서운 기상이변이다.

기후변화 홍보관 벽에 걸린 "Now, We have to change"라는 말이 절규처럼 들린다. 지금 당장, 변하지 않으면 안 된다. 전시관이 알려 주는 환경위기시계, 현재의 대한민국은 9시 56분을 가리키고 있다. 12시에 이르면 파국이다. 파국을 막기 위해 지금 우리는 무엇을 해야 할지, 홍보관 내의 다양한 전시물들이 그 해답을 간곡하고 간절하게 외친다.

　홍보관을 나오면서 드넓게 펼쳐진 행구수변공원을 한 번 더 바라본다. 내 유년 시절, 버드나무가 우거지고 잠자리가 날고 물뱀이 헤엄치던 그 시간이 바로 자연이 내어주는 '이자'만 갖고 살던 마지막 시간이 아니었을까, 생각해 본다. 6월의 이른 더위에 시원한 소나기 한바탕 그리워지는 수변공원에 노을이 비껴든다. 지나가는 원주 시민 아무나 붙들고 "'흰다리 연못'을 아시나요?"라고 문득 묻고 싶어지는 저녁이다.

03

거돈사지

부처 대신 바람이 설법하는 폐허

충주를 지나온 남한강과 횡성에서 발원한 섬강이 만나는 곳. 두 물줄기가 합쳐지는 지점에 원주 부론면이 있다. 예로부터 이곳은 중부 내륙지방 교통의 요지였다. 신라 이래 고려시대까지 역사와 문화의 흔적을 곳곳에서 발견할 수 있다.

그 중심에 폐사지가 있다. 늦가을 폐사지 여행은 원주 여행의 절정이다. 가장 오래된 원주, 가장 찬란했던 원주를 만나는 길이기 때문이다. 여행은 거돈사지에서부터 출발한다.

다 지난 옛사랑 같은 것

거돈사지(사적 제168호)는 부론면 정산리 현계산 기슭에 자리 잡고 있다. 마을 길을 따라 들어서면 절터 입구가 보인다. 높이 쌓아 올린 축대 중간에 자연석 계단이 놓여 있다. 계단을 끝까지 오르면 7,500여 평 거돈사지가 한눈에 펼쳐진다.

거돈사의 정확한 창건 연대는 알 수 없으나, 통일신라 후기인 9세기경으로 추정한다. 고려시대에 크게 번성했다가 임진왜란 때 소실된 이후 폐사지가 되었다. 빈 절터에서 방문객을 맞이하는 건 3층석탑이다. 거돈사지 3층석탑(보물 제750호)은 전형적인 신라 석탑이다. 하지만 다보탑이나 석가탑처럼 화려한 장식성이나 세련된 조형미와는 거리가 멀다. 소박하고 간결하며 수줍은 표정이다. 다만 직선의 처마가 추녀 끝에 이르러 살짝 들린 맵시가 이 탑의 유일한 동적인 자세다.

거돈사지는 1989년부터 1992년까지 네 차례에 걸쳐 발굴조사가 이루어졌다. 조사 결과 3층석탑 뒤로 금당과 강당, 승방과 회랑이 있던 자리를 확인하였고 우물터까지 찾아냈다. 금당은 부처를 모시는 법당으로 사찰의 중심 공간이다. 거돈사지의 금당은 전면 6개, 측면 5개의 주춧돌이 원형 그대로 발굴되어 20여 칸에 이르는 대법당이었음을 알 수 있다.

전문가들에 따르면, 내부는 통층 구조이고 외부에서 보면 2층 규모의 웅장한 법당이었다고 한다. 현재 금당터에서 단연 눈에 띄는 것은 한가운데 자리한 불대좌다. 2m 높이의 화

가을날의 거돈사지 한눈에 보이는 옛 절터가 반듯하고 아늑하다. 3층석탑과 불대좌가 서로 마주 보고 있다. 옛 번영과 쇠락의 세월을 모두 지켜봐 왔을 것이다. 3층석탑 오른쪽으로, 석축에 뿌리박고 사는 수령 700년된 느티나무가 보인다.

강암으로 된 불대좌는 위에다 불상을 안치했던 성스러운 장소다. 부처는 사라지고 불대좌만 남았다. 임진왜란 때 불탔던 것일까. 빈 불대좌에선 부처 대신 바람이 설법하는지 늦가을 바람만 덧없이 스치고 간다. 폐허를 걷는 동안 어디선가 속삭이는 소리가 들려와 마음속에 받아 적었다.

거돈사지

저 석탑은

부처가 불타던

그날을 지켜봤을까

깨지고 그을린 불대좌 위

부처 대신 바람이

설법하는 늦가을의 폐사지

무심한 개망초가

저 혼자 피었다 지고

무너진 돌 틈 사이로

가을 뱀이 스르르

꼬리를 감추는 저녁

뜨겁던 부처의 몸도

바람의 무정한 설법도

다 지난 옛사랑 같은 것

희고 맑은 탑 한 채

고요한 눈썹에

바람 한 번 스치면

천년이 저무는

늦가을의 거돈사지

원공국사와 그의 탑비

거돈사지는 중문과 탑, 금당 그리고 강당이 남북 일직선상에 놓이는 1탑1금당식 가람배치 구조다. 금당터 뒤쪽으로 석축을 쌓고 건물을 올렸던 흔적이 고스란히 남아 있다. 오른쪽 끝에는 원공국사승묘탑비(보물 제78호)가 있다. 고려시대의 고승이었던 원공국사(930~1018) 지종의 탑비다.

비문에는 그의 생애와 행적 그리고 공덕을 기리는 내용이 새겨져 있다. 비문을 지은 사람은 당시 '해동공자'로 불리던 대학자 최충이다. 원공국사가 생전에 고려 왕실과 불교계에서 차지했던 위상과 비중이 어떠했을지 짐작이 가는 대목이다.

비문에 따르면, 원공국사는 전주이씨로 이름은 지종이며 중국 유학을 다녀온 엘리트 고승이었다. 고려 광종과 현종 연

원공국사승묘탑비(보물 제78호) 거돈사에서 은퇴한 원공국사 지종의 탑비다. 굳세고 야무진 얼굴이 양의 모습을 닮아 이채롭다.

간 사이에 왕실의 존경을 한 몸에 받았다. 현종 9년인 1018년 4월에 거돈사로 은퇴하였으며 같은 달 17일에 89세의 나이로 입적했다.

현종은 그의 죽음을 애도하여 국사로 추증하고 시호는 원공, 탑의 명칭은 승묘라고 지었다. 현재의 탑비는 그가 입적한 후 7년 후인 1025년에 세웠다. 탑비는 귀부인 거북 받침돌 위에 비석을 세우고 이수인 머릿돌을 얹었다. 몸체는 거북인데 머리는 굳세고 야무진 양의 얼굴을 닮았다. 앙다문 입술과 부리부리한 눈망울이 위압적이다. 모든 삿된 것들을 물리치겠다는 듯한 결기가 서려 있다. 거북 등에 새긴 정육각형 안에는 만(卍) 자와 연꽃무늬를 돋을새김했다. 머릿돌에는 구름에 올라탄 두 마리의 용이 서로 마주 본 채 여의주를 다투는 형상이다. 매우 사실적이고 섬세한 조각이 일품이다.

서울로 간 중후한 아름다움

거돈사지에는 원공국사승묘탑비와 짝을 이루는 원공국사승묘탑(보물 제190호)이 따로 있다. 탑비가 고승의 생애와 행적을 적은 비석이라면, 탑은 고승이 입적한 후 수습한 사리를 모시는 '부도탑'이다. '묘탑'이나 '사리탑'이라고도 한다. 거돈사지 북쪽 끝 언덕에 오르면 원공국사의 사리탑이 있다.

그런데 이것은 모조품이다. 진품은 현재 서울 용산 국립중앙박물관 야외에 전시되어 있다. 일제강점기에 이 탑을 탐낸 어느 일본인이 강탈해 갔다고 한다. 해방 이후인 1948년에 되찾아 경복궁에 옮겨 놓았는데, 2005년 경복궁에 있던 국립중앙박물관이 용산으로 이사 가면서 함께 이전했다.

거돈사지를 제대로 보고 싶은 순례객이라면 용산의 국립

원공국사승묘탑(보물 제190호) 균형 잡힌 비례감과 섬세한 조각이 돋보인다. 고향 원주를 떠나 용산 국립중앙박물관 야외에 전시되어 있다.

중앙박물관까지 다녀오는 수고를 아끼지 말아야 한다. 원공 국사승묘탑의 아름다움 때문이다. 3단의 받침돌 위에 탑신을 올리고 위에 지붕돌을 얹은 모양은 우아하면서도 간결하다. 세상의 모든 번잡함을 떨쳐냈다. 여기에 각 몸돌 사이의 안정 적인 비례감과 균형미가 중후한 품격을 더한다.

여덟 귀퉁이에서 살짝 치켜올린 처마 끝은 날렵하기가 나

비 날개 같다. 가볍고 경쾌한 상승감을 불러일으킨다. 원주
거돈사에서 태어난 중후한 아름다움이 용산 국립중앙박물관
마당을 환하게 밝히고 있다.

거돈사지 유적센터 개관

거돈사지에는 눈길을 끄는 나무 한 그루가 있다. 석축에 뿌리
박고 사는 느티나무다. 수령 700년, 높이 20.8m, 둘레 7.5m
에 이르는 거대한 나무다. 돌에 의지한 채 휘어진 자세가 기묘
하다. 마치 온몸을 뒤틀며 막 승천하는 용의 모습을 닮았다.
낙엽 지는 가을날 나무 아래 벤치에 앉아 빈 절터를 바라볼
때, 거돈사지는 가장 아름답다.

　절터에서 가까운 곳에 폐교가 된 부론초등학교 정산분교
가 있다. 최근에 정산분교를 리모델링해서 거돈사지 유적센
터를 개관했다. 거돈사지 발굴 과정에서 출토된 다양한 유물
과 미니어처 크기의 거돈사지 모형, 네 차례에 걸친 발굴조사
자료 등을 전시하고 있다. 찬찬히 둘러보면 거돈사지를 이해
하는 데 큰 도움이 된다.

04

법천사지
진리의 말씀이 샘처럼 솟으리라

거돈사지에서 멀지 않은 곳에 법천사지가 있다. 법천사와 거돈사는 남한강 유역에서 법등을 밝혔고, 섬강 기슭에선 흥법사가 선맥을 이어갔다. 3대 사찰은 닮은 점이 많다. 모두 통일신라 말기에 창건되어 고려시대에 크게 번성했다. 임진왜란 때 불타면서 함께 폐사된 이래 지금까지 그 흔적을 간직하고 있다.

텅 빈 폐허에 서면, 땅은 황량하고 하늘은 넓다. 이따금 발길에 걸리는 건 잡초 속을 뒹구는 주춧돌과 깨진 돌조각뿐. 오래전 사라진 것들의 잔해는 깊은 침묵에 잠겨있다. 순례객은 저도 모르는 사이 침묵보다 깊은 사색에 이끌린다. 이제 옛 절터를 지키는 건 낡고 오래된 석조물이다. 깨진 탑이며 금이 간 비석에는 천년의 바람이 새겨넣은 상처와 아름다움이 함께 살고 있다. 모두 국보와 보물급 명품들이다.

쓸쓸한 빈터에서 명작을 만나는 건 원주 폐사지 순례의 특별한 행복이다. 남한강 유역의 3대 폐사지는 고대와 중세 원주의 영화와 번영 그리고 쇠락을 보여주는 또렷한 역사문화 유적이다. 그 흔적과 가치를 보존하기 위해 현재 원주시에서는 3대 폐사지의 유네스코 세계문화유산 등재 사업을 추진하고 있다.

폐사지 감상법

남한강 유역에서 가장 가까운 곳이 법천사지(사적 제466호)다. 원주시 부론면 법천리 명봉산 기슭에 천년의 절터가 펼쳐져 있다. 법천사지는 경주의 황룡사지와 익산의 미륵사지에 이어 우리나라에서 세 번째로 큰 절터다. 2001년부터 시작된 12차례의 발굴 조사를 통해 4만 평이 훨씬 넘는 사역지를 확인했다. 이렇게 드넓은 땅 위에 얼마나 많은 건물이 있었을까. 조사한 결과에 따르면, 10여 동의 집터와 여러 곳의 우물터와 계단지, 석축과 담장을 찾아냈다고 한다.

절의 입구임을 알리는 당간지주로부터 100m쯤을 걸어야 중심 사역인 금당터에 이른다. 반듯하게 발굴된 금당터 양옆에는 탑을 세웠던 흔적이 또렷이 남아 있다. 쌍탑1금당식 가람배치가 확인되었다. 금당도 탑도 사라진 지금, 금당을 중심으로 사방에는 수많은 건물터의 흔적과 잔해만이 빈 바람을 맞고 있다. 그렇다고 폐사지는 그냥 버려진 곳이 아니다.

흔적과 잔해를 질료로 삼아 상상력을 불어넣을 때, 옛 절터는 새롭게 태어난다. 가령 가만히 눈을 감고 뒹구는 주춧돌 위에 기둥과 벽을 세워 본다. 올린 지붕 아래 목 잘린 불상을 일으켜 세우고 사람의 온기를 불어넣으면 어느덧 화사한 집한 채가 천년을 건너오는 것이다. 폐사지 감상법이다. 나는 법천사지를 거닐 때마다 마음속으로 수많은 집을 무수히 지었다 부수곤 했다. 그럴 때마다 대찰의 위용과 기상이 은은한 부처의 미소처럼 빈터에 가득 차오르곤 했다.

지광국사, 법천사에 잠들다

고려시대에 법천사가 크게 번성할 수 있었던 것은 원주 출신의 한 스님과 깊은 관련이 있다. 바로 지광국사 해린(984~1070)이다. 984년 원주에서 태어난 해린은 원주의 토착성인 원주원씨이며 속명은 수몽이다. 유년기 때 법천사 관웅 스님을 찾아가 처음으로 불교 공부를 시작했다고 한다. 해린

법천사지 발굴된 금당터와 곳곳의 주춧돌이 뚜렷이 드러나 있다. 중심 사역 밖으로도 수많은 집터의 흔적과 석축이 발견되어 대찰로서 법천사의 위용과 규모를 짐작하게 한다. 법천사지는 경주의 황룡사지와 익산의 미륵사지에 이어 우리나라에서 세 번째로 큰 절터다.

은 바로 관옹 스님이 지어준 법명이다. 스승을 따라 개경 해안사로 갔는데 그곳에서 머리를 깎고 정식으로 출가했다.

총명한 인물답게 불과 21살의 나이에 승려의 과거시험에 해당하는 '대선(大選)'에서 급제해 주변 사람들을 놀라게 했다. 이때부터 해린은 현종·덕종·정종·문종 대에 걸쳐 왕실 차원의 극진한 대우와 존경을 한 몸에 받는다. 고려시대 화엄종과 함께 양대 산맥을 이루었던 법상종의 리더로서 국정에도 깊이 간여한 것으로 보인다. 그에게 승려로서 최고 영예인 왕사와 국사의 칭호를 내린 왕은 문종이었다. 더욱이 문종은 자신의 넷째 아들을 해린의 문하에 출가시키기까지 했는데, 그가 훗날 고려 불교계에서 크게 명성을 떨친 대각국사 의천이다. 해린의 당시 정치적, 종교적 위상을 보여주는 대표적인 예이다.

해린은 왕실의 초빙으로 자주 궁궐을 출입하며 『법화경』 등 불경을 강론했다. 그때마다 거듭된 사양에도 불구하고 왕들은 자신들이 타고 다니던 어가를 친히 내주었다고 한다. 마치 해린을 살아 있는 부처와 같은 스승으로 예우한 셈이다. 해린의 사후 행적을 적은 비문에는 "문장의 뛰어남은 태양에 필적하고 글씨의 명성은 하늘을 찌를 정도였으며, 경구는 더욱 세련되어 뛰어난 학자들도 응대할 수 있는 사람이 드물었다"[4]고 적고 있다. 고승대덕으로서 당대의 정신적 지주이자 나라의 큰 스승 역할을 해왔음을 짐작하게 한다.

해린은 그의 나이 84세(1067) 되던 해, 몸이 쇠했음을 핑계 삼아 법천사로 돌아가게 해달라고 문종에게 여러 차례 간청한다. 문종은 고향으로 돌아가는 해린을 몹시 아쉬워하며 성대한 송별연을 베풀어 그를 배웅한다. 법천사로 돌아온 지 3년 만에 해린은 입적했다. 그의 나이 87세였다. 해린의 타계 소식을 들은 문종은 매우 슬퍼하며 후하게 장례 치를 것을 명했다.

몹시 흥미로운 사실은 "원주 창고의 곡식을 거두어 천도재를 지내는 비용에 충당하게 했다"[5]라는 해린 비문의 내용이다. 원주 창고의 곡식이란 당시 흥원창에 수납된 세곡이 틀림없다. 국가의 재정을 지탱하는 물자로서 국사의 장례 비용을 충당케 했다는 것이다. 국사의 장례가 국가 차원의 중대한 행사였음을 알려주는 기록이다.

그에 걸맞게 문종은 국사의 생애와 행적을 기리는 비문을 짓고 탑을 세우라고 명했다. 그렇게 해서 조성된 것이 지광국

---

4 국립문화재연구소, 「지광국사탑비문 역주」, 『고려 미·상, 지광국사탑을 보다』, 2018.

5 앞의 책.

사현묘탑비와 지광국사현묘탑이다. 해린 사후 15년이 지난 1085년의 일이다. 지광은 문종이 내린 시호이고, 현묘는 탑호다. 천년이 지나 국보로 지정된 탑비와 탑은 지광국사의 혼과 백이 깃든 예술 작품과 같다. 법천사가 우리에게 남겨준 소중한 문화유산이자 고려시대 불교 석조 예술의 절정인 셈이다.

아름다운 파수꾼, 폐허를 지키다

지광국사현묘탑비(국보 제59호)는 법천사지 동쪽 기슭에서 홀로 빈 절터를 지키고 있다. 이 넓은 빈터에 온전하게 남아 있는 유일한 석조물이다. 법천사지를 갈 때마다 탑비를 만나러 언덕을 오르고 또 오르는 까닭은 보고 또 봐도 싫증 나지 않는 우아한 자태 때문이기도 하지만, 고단했을 천년이란 긴 시간을 견뎌준 데 대한 고마운 마음도 한몫한다.

높이 4.5m의 탑비 앞에 서면 그 정교하고 늘씬한 몸매에 탄성이 저절로 나온다. 몸은 거북이지만 머리는 용의 얼굴을 한 귀부는 구름 위에 올라앉아 있는 형상이다. 그러니까 탑비 전체가 마치 하늘을 날고 있는 듯한 환상을 불러일으킨다. 눈을 부릅뜬 용의 얼굴은 사납고도 당당해서 마주 보는 이를 긴장하게 한다.

귀부 위에 세운 비석은 늠름하면서도 두께가 얇아 날렵한 분위기를 풍긴다. 투박하고 둔한 양괴감을 모두 떨쳐냈다. 비석에는 국사의 생애와 행적을 적은 글자가 빼곡하게 새겨져 있다. 당대의 문사 정유산이 짓고 명필 안민후가 글씨를 썼다고 한다. 금석학적 가치가 풍부한 비문이라고 전문가들은 입을 모은다.

비석에서 비문의 내용만큼이나 우리의 관심을 끄는 건 비석 상단에 새겨 넣은 화려한 그림들이다. 부처가 그 아래에서 불도를 이루었다는 용화수가 중심을 잡고 있다. 양쪽에는 향로를 받쳐 든 천사가 하늘을 날고 있다. 해와 달이 높이 떠 있는데 해 속에는 삼족오가, 달 속에는 토끼와 계수나무가 살고 있다. 아래에는 수미산이 솟아 있다. 어제 그린 듯 생동하는 그림들은 정밀하고 섬세하기 이를 데 없다.

비석 양쪽 측면에 새겨진 그림은 한 번 더 보는 이의 감탄을 자아낸다. 구름 속에서 노는 용들이 몸을 뒤틀며 비상하고 있다. 비늘과 발톱이 너무도 선명해서 비늘을 만지면 비린내가 묻어나고, 발톱을 건드리면 찔려서 피가 날 것만 같다. 용들의 역동적 자세는 금방이라도 비석을 박차고 나와 하늘로 힘차게 날아오를 듯한데 어떻게 천년을 견디며 비석 속에 살고 있는 것일까.

비석 위에 얹은 이수 또한 아름다운 조각으로 빈틈없이 채

워져 있다. 이수는 우아하고 화려한 왕관 모양을 닮았다. 연꽃과 구름과 그 사이를 유영하는 용들의 문양으로 한껏 치장했다. 왕관 한가운데 연꽃 세 송이로 쌓아 올린 상륜부는 탑비 전체의 날렵한 상승감을 한없이 부추긴다. 그리고 탑비의 아름다움에 절정의 마침표를 찍는다. 이토록 화려한 탑비가 고려시대, 아니 우리나라 전 시대를 통틀어 불교 석조 예술품 중 가장 뛰어난 걸작 중 하나라는 평가는 결코 과장이 아니다.

천년이란 긴 세월이 명작의 품위를 두텁게 했지만, 견딘 시간만큼 명작의 육신도 노쇠해졌다. 법천사지에 갈 때마다 안쓰러운 마음으로 탑비의 주위를 자꾸 맴돌곤 했다. 비바람에 깎이거나 모진 세월에 깨져나간 흔적이 너무도 역력했기 때문이다. 훼손이 심한 비신의 뒷부분도 안타깝지만 두께가 얇은 아랫부분은 더욱 마모가 심했다. 조그만 진동이라도 가해지면 언제든지 툭 부러질 것만 같아 여간 걱정스러운 게 아니었다. 사선으로 금이 간 흔적 또한 과거 험난한 시절에 두 동강이 난 비신을 이어 붙인 또렷한 상처다.

빈 절터를 홀로 지키는 탑비가 외로워 보이는 건 상처 때문만은 아니다. 곁에 있어야 할 짝을 잃어버렸기 때문이다. 1085년에 탑비가 세워질 때 함께 옆자리에 들어섰던 탑, 바로 지광국사현묘탑이다. 지광국사현묘탑은 일제강점기 시절, 법

지광국사현묘탑비(국보 제59호) 탑비 전체에 새겨진 조각 솜씨가 경탄을 자아낸다. 망토를 두른 듯한 몸체를 떡 주무르듯 조각한 석공은 도대체 누구였을까. 비신 측면에 새겨진 용의 모습은 당장이라도 비석을 박차고 날아오를 듯 생동한다. 우리나라 불교 석조 예술품 중 최고의 걸작 중의 하나로 꼽는다.

천사지를 떠나 지금까지 타지를 떠돌고 있다.[6] 일생의 짝이었던 탑이 고향을 떠나 수난과 유랑의 세월을 보낼 때, 탑비는 홀로 남아 긴 기다림의 시간을 견뎌 왔을 것이다. 목이 한 뼘쯤은 길어져 지금 이 순간에도 이제나저제나 아래 절터를 굽어보고 있을 것만 같다.

영고와 성쇠의 흔적

고려시대에 그토록 융성했던 법천사가 언제, 왜 폐사되었는지는 구체적으로 알려진 사실이 없다. 법천사에 관한 상세한 옛 기록이 부족한 탓이다. 그마나 다행스러운 건 『홍길동전』의 저자인 허균(1569~1618)이 「원주법천사유람기(遊原州法泉寺記)」란 여행기를 남겼다는 점이다. 그의 여행기는 짧지만 몹시 흥미로운 이야기를 우리에게 들려주고 있다. 41살 되던 해인 1609년 휴가를 내어 어머니 산소에 성묘하러 갔다가 근처 법천사에 들렀던 일을 적고 있다.

"내 돌아가신 어머니의 산소를 그 북쪽으로 십 리쯤 떨어진 곳에 모셨으므로 해마다 한 차례씩 성묘를 가

---

6 지광국사현묘탑에 대한 이야기는 다음 장에서 자세히 다루기로 한다.

곤 했다. 하지만 법천사는 여태껏 가보지 못했다. 올가을은 휴가를 청해 왔으므로 조금 여유가 있었다. 마침 지관이란 승려가 무덤 앞의 초막으로 나를 찾아왔다. 그러면서 하는 말이 기축년(1589년, 선조 22) 법천사에 가서 일 년간 머문 적이 있다고 했다. 놀러 가고 싶은 흥이 일어나 지관을 이끌고 새벽밥을 차려 먹은 후 일찍 출발했다. 골짝 길을 따라 가파른 고개를 넘어 명봉산이란 곳에 이르렀다. …… 절은 정중앙을 차지해 남쪽을 향하고 있었다. 하지만 전쟁 통에 불타 버려 겨우 남은 터와 무너진 주춧돌만 토끼와 노루가 다니는 길 사이에 널려 있었다. 비석은 반 동강이 나서 잡초 속에 묻혀 있었다. 자세히 보니 고려 때 승려 지광국사의 탑비였다."[7]

허균의 이야기는 법천사가 폐사된 시기와 까닭을 짐작할 수 있는 실마리를 우리에게 제공한다. 지관이란 승려가 1년간 머물렀던 1589년까지는 법천사가 유지되었던 것이 분명해 보

7 유몽인 외 지음, 정민·이홍식 편역, 『한국 산문선4—맺은 자가 풀어라』, 민음사, 2017.

인다. 그러나 허균이 방문했던 1609년, 그가 목격한 것은 임진왜란(1592~1598)을 겪으면서 주춧돌만 남은 폐허였다. 화려하게 번성했던 사찰을 전쟁의 화마가 집어삼킨 것이다. 두 동강이 난 채 잡초 속을 뒹굴던 지광국사의 탑비를 본 허균의 심정은 막막하고 쓸쓸했을 것이다. 단 20여 년 사이에 벌어진 일이었다.

또한 허균은 조선 초에 유방선 · 권람 · 한명회 · 서거정 · 성간 같은 유학자나 정치인들이 법천사에 모여 함께 배우고 공부했다는 이야기를 전해 주고 있다. 이들 때문에 절 이름이 널리 알려지고 많은 사람들의 입에 오르내렸다고 한다. 조선 초까지 승려들뿐만 아니라 당대의 쟁쟁한 학자와 정치인들의 발길로 법천사는 늘 붐볐을 것이다.

법천사지 유적전시관 개관

그동안 법천사지를 발굴하면서 출토된 유물들이 적지 않았다. 일부는 야외에 전시되고 있었는데, 법천사지에 갈 때마다 또 다른 볼거리가 되곤 했다. 깨지고 마모된 수많은 석재들을 보면서 어떤 용도로 쓰인 유물일까, 상상하는 것도 무척 흥미로웠다.

2022년 12월 개관한 법천사지 유적전시관은 지금까지 발굴된 유물들을 체계적으로 보존·전시·연구하는 공간이다. 우선 1층 로비에 걸린 조형물이 방문객의 눈길을 단박에 사로잡는다. 지광국사현묘탑비에 새겨진 문양을 재현해 놓은 대형 그림이다. 웅장하면서도 아름답다.

전시실 내부로 들어가면 오랜 잠에서 깬 유물들이 가지런하다. 석불의 뒤를 밝혔던 광배며 석탑의 부자재며 와당이며 도자기들이 깨지고 금 간 채 안치되어 있다. 목 잘린 청동불 입상 같은 금속제 유물이나 3D로 구현된 치미(鴟尾)는 특별한 볼거리다. 시청각 자료를 통해 법천사지의 역사와 내력을 알려주는 첨단기기는 방문객을 오랜 시간 붙들어 둔다. 모두 찬란하게 번성했던 법천사의 영광과 위용을 보여주기에 충분한 유물과 기자재들이다.

그런가 하면 2층에 안치한 석조공양보살상은 또 다른 법천사의 면모를 생각하게 한다. 팔다리를 잃어버린 저 자세는 상실과 결핍을 견뎌왔을 옛 법천사의 운명을 보여주는 것 같다.

전시관을 천천히 둘러보고 밖으로 나오면, 저 멀리 당간지주가 보이고 지금도 파헤쳐진 천년의 빈터가 눈에 가득 들어온다. 땅속 어딘가에 아직도 묻혀 있을 수많은 유물들, 무수한 사연들. 그 유물들이 다시 깨어나는 날, 진리[法]의 말씀이 샘[泉]처럼 솟듯 무수한 사연들이 우리의 귀를 적셔줄 것만 같

법천사지 유적전시관 내부 지광국사현묘탑비의 문양을 재현한 대형 그림이다. 화려하고 섬세한 그림이 유적전시관을 환하게 밝히고 있다.

다. 그렇다면 법천사가 왜 법천사(法泉寺)인지 그 이름의 까닭에 대해 과연 그대들도 고개를 끄덕일 것이다. 법천사지는 여전히 살아있는 싱싱한 폐허다.

05

지광국사현묘탑

천년 명작의 귀향

국보 제101호인 지광국사현묘탑(이하 지광국사탑)은 해린 스님의 사리를 봉안한 승탑이다. 고려시대인 1085년 지광국사현묘탑비와 함께 나란히 세워졌다. 지광은 시호이며 현묘는 탑호다. 해린을 기리기 위해 당시 임금이었던 문종이 내린 이름이다.

1085년 이래 천년의 세월이 가는 동안 법천사는 폐허가 되었다. 건물은 무너지고 사람들은 흩어졌다. 그 폐허의 땅을 끝까지 지키고 있던 게 바로 지광국사의 승탑과 탑비였다. 서로 마주 보며 의지한 채 긴 세월, 법천사의 영광과 쇠락을 모두 지켜봤을 것이다.

하지만 현재 법천사지에는 탑비만 홀로 남아 있다. 1911년 어느 날 일본인이 불법 반출해 간 것이다. 지광국사탑의 유랑과 수난이 민족의 고난과 함께 시작되는 순간이었다. 유랑은 길고 수난은 참혹했으나, 머지않아 원주로 돌아온다는 소식이 들려와 무척 설렌다. 110여 년 만의 귀향이다.

유랑과 수난의 세월

그 사이 어떤 사연이 있었을까. 임진왜란 때 불타버린 법천사는 이후 잊혀진 절터가 되고 말았다. 법천사의 내력과 가치에 대해 아는 사람도 별로 없었다. 옛 절터는 민가와 논밭으로 변했고, 지광국사탑과 탑비만이 빈 절터를 외롭게 지키고 있을 뿐이었다.

그러다가 일제 강점 직후인 1911년 음력 8월, 법천사지에 웬 일본인 골동품상이 나타났다. 마을 주민들에게 품삯을 주고는 탑을 뜯어 서울 명동으로 싣고 가는 일이 발생했다. 우리의 국보급 문화재를 자신들의 정원 석물로 팔아먹을 생각을 한 것이다. 서울로 실려 간 탑은 얼마 후 온몸이 해체되어 다시 일본 오사카로 팔려 간다.

1915년 우여곡절 끝에 다시 서울 경복궁으로 돌아오긴 했으나, 경내에서 여러 차례 자리를 옮겨 다니는 유랑은 계속되었다. 그때마다 온몸이 해체되었다가 복원되는 고난이 이어졌다. 이런 와중에 부서지고 깨지며 훼손되는 부분들이 생겨나기 시작했다. 비운은 여기서 그치지 않았다.

한국전쟁 중에 날아온 유탄에 맞은 것이다. 경복궁 내의 다른 문화재는 멀쩡했으나 유독 지광국사탑만이 불운을 비켜 가지 못했다. 탑이 크게 부서졌고 수습한 파편이 1만 2천 조각이었다고 하니 말 그대로 산산조각 난 셈이다. 파손된 채 몇 년간 방치되다가 잔해들을 겨우 긁어모아 처음으로 복원 사업을 한 게 1957년이었다. 하지만 당시는 아직 문화재 복원 기술이 충분치 않던 시대였다고 한다. 그러니 탑을 해체하고 복원하면서 철심을 박거나 모르타르(mortar, 시멘트와 모래를 물로 반죽한 것)로 땜질하는 등 부실한 복원을 할 수밖에 없었다.

지광국사탑은 이렇게 1911년 이후 무려 10여 차례 가까운 해체와 복원에 시달렸다. 이 과정에서 탑 중의 가장 소중한 부분인 사리를 담은 용기가 사라졌고, 포격으로 상륜부의 정교하고 아름다운 조각의 원형을 잃은 것은 씻을 수 없는 상처로 남았다. 온몸으로 감당해낸 지광국사탑의 수난과 상처에는 우리 근현대사의 비극이 그대로 새겨져 있는 셈이다.

원주에서 서울로, 서울에서 다시 오사카를 거쳐 경복궁으로 돌아왔지만, 반복되는 해체와 이전, 훼손과 부실 복원으로 탑의 안정성과 보존 상태가 위중한 지경에 이른 건 어쩌면 당연한 일이었다.

해체와 복원

2005년 국립중앙박물관이 경복궁에서 용산으로 이전할 당시 야외의 다른 문화재들도 함께 옮겨 갔지만, 지광국사탑만 따라가지 못하고 혼자 남게 되었다. 더 이상 옮기기 힘들 만큼 탑신의 안정성이 워낙 부실한 상태였기 때문이다.

문화재청은 여러 차례의 검사 결과를 바탕으로 탑을 완전히 해체하고 수리하기로 결정한다. 2016년 봄, 지광국사탑을 대전에 있는 국립문화재연구소 문화재보존과학센터로 옮

부서진 지광국사탑 한국전쟁 때 폭격을 맞아 처참한 모습이다. 잔해가 주변에 널린 채 몇 년간 방치되었다고 한다.

겼고, 그해부터 첨단 문화재 복원 기술을 활용한 대대적인 해체 · 복원 · 보존 작업을 진행해 왔다.

석탑을 완전히 해체하고 오염물을 레이저로 벗겨냈으며 철심과 모르타르를 모두 제거했다. 깨진 석재들은 다시 접착하고 결실된 부재는 새로운 석재를 찾아 제작했다고 한다. 새로 구해야 하는 석재들은 원래 탑이 있었던 원주에서 채석했는데, 탑이 조성될 당시 사용된 석재와 가장 유사한 재질로 구했다고 한다. 이번 복원 과정에서는 지난 1957년 수리 때 잘못 복원된 부분들을 일일이 바로잡아 본래 모습을 되찾았다. 2016년부터 복원 사업이 추진된 지 만 5년이 걸렸다.

불교 장엄의 아름다움

지광국사탑은 매우 아름다운 탑이다. 고려시대뿐만 아니라 우리나라 전 시대를 통틀어 조형미와 장식미가 가장 뛰어난 석조 예술의 걸작이라는 평가를 받고 있다. 탑 전체가 정교한 조각과 섬세한 그림들로 빼곡하다. 화려한 연꽃과 다양한 문양들, 구름 속의 용과 날개를 활짝 편 새들 그리고 신선과 불보살의 살아 있는 표정이 불교 장엄의 극치를 보여주고 있다.

지광국사탑은 양식상에서도 전혀 새로운 승탑이다. 이제까지 고승의 사리를 봉안하는 승탑은 팔각원당형이었지만, 지광국사탑은 평면사각형으로 설계되었다. 평면사각형은 부처의 사리를 모신 불탑의 양식이다. 해린의 승탑을 부처를 모신 불탑의 외형으로 조성한 것이다. 그를 마치 부처처럼 극진히 예우했다는 방증이 아닐까 싶다. 시대의 큰 스승이자 정신적 지주로 받들어 그의 무덤인 탑을 신앙의 귀의처로 삼은 것이다.

지광국사탑은 크게 세 부분으로 나뉜다. 기단부와 탑신부 그리고 상륜부다. 상하층으로 구성된 기단부가 탑 전체를 떠받치고 있는 형상이 듬직하다. 기단부에서 특히 흥미로운 부분은 상층 기단석의 그림들이다. 사리를 봉송하는 그림과 『대장경』을 실은 보여(寶輿)를 운송하는 그림이 섬세하게 조각되어 있다. 해린이 개경에 머물 당시 『대장경』 판각 사업에 주도적 역할을 한 역사적 공적을 고려의 왕실과 귀족들이 깊이 새기고 있는 것이다.

상층 기단석을 덮고 있는 갑석의 문양은 놀랍고도 새롭다. 늘어진 커튼을 일정한 간격으로 걷어 올려 묶은 이국 취향의 장식이기 때문이다. 딱딱한 돌을 깎아 얇은 천의 질감과 잔주름까지 표현한 석공의 솜씨는 신기에 가깝다. 바람이 불면 돌 조각이 살랑살랑 흔들릴 것만 같다. 우리나라 탑에서는 한 번도 본 적 없던 서역풍의 낯선 장식물은 탑신부에서도 찾아볼 수 있다.

경복궁 시절의 지광국사현묘탑(국보 제101호) 나라의 큰 스승이었던 해린의 유골을 봉안한 승탑이다. 섬세하고 화려한 조각으로 탑 전체의 조형미와 장식미가 보는 이를 압도한다. 우아하고 세련된 이국적 분위기는 당시 동서 문화 교류의 흔적마저 느끼게 한다. 뛰어난 장엄 장식으로 역대의 승탑 가운데 최고의 예술 작품으로 꼽힌다.

천년의 명작, 석조 예술의 극치

탑신부는 해린의 사리를 안치했던 석탑의 핵심 부분이다. 탑신부는 지붕돌과 탑신석으로 구성된다. 탑신석 네 귀퉁이에는 마디의 문양이 선명한 대나무를 기둥처럼 세웠고, 사면에는 자물쇠가 달린 문과 끝이 뾰족한 아치형의 창문으로 장식했다. 아치형의 창문이 풍겨 내는 이국적 분위기는 기단석의 커튼 조각과 함께 지광국사탑이 간직하고 있는 당시 동서 문화교류의 뚜렷한 흔적일 것이다.

탑신석 위에 얹혀진 지붕돌의 맵시는 날아갈 듯하다. 네 귀퉁이가 날렵하게 살짝 들린 상승감이 일품이다. 모서리마다 선명하게 양각된 가릉빈가는 비상하는 지붕돌 이미지의 절정이다. 가릉빈가는 불교 신화에 나오는 상상의 새다. 얼굴은 사람인데 날개가 달린 인면조다. 합장하듯 두 손을 가지런히 모으고 날개를 활짝 편 형상이 당장이라도 지붕을 박차고 날아오를 것만 같다. 처마 아래로 드리워진 구슬 장식의 커튼이 지붕돌을 우아하게 감싸고 있다.

멀리서 보면 탑신부 전체는 마치 한 채의 불당처럼 보인다. 살아있는 부처였던 해린의 유골을 모시고 예배를 드리는 장엄하고 격조 높은 보궁으로 치장한 것이다. 그 위로 해린 스님의 높은 정신을 상징하듯 상륜부가 솟아 있다. 상륜부를 구성하는 석물들은 작고 아기자기하다. 하늘을 향해 활짝 핀 꽃 모양인 앙화를 시작으로 복발·보륜·보개·보주가 차곡차곡 높이를 쌓아가고 있다. 앙증맞고 정교한 조각들이 돌 속에서 살아있는 듯 조형미와 장식미의 절정을 보여주고 있다.

전문가들은 지광국사탑을 우리나라 불교의 석조 미술품 중 최고의 걸작 중 하나라고 평가한다. 고려의 정신과 문화, 예술의 수준을 유감없이 보여주었다고 한다. 이제 남은 일은

법천사지 경내 지광국사탑이 있던 자리 지광국사탑은 왼쪽의 탑비와 함께 나란히 자리 잡
고 있었다. 오른쪽이 원래 탑이 있던 자리였지만, 1911년 일본이 강탈해 간 이후 오늘날까지
비어 있다.

이토록 귀중한 보물이 고향 원주로 돌아오는 날을 손꼽아 기다리는 것뿐이다.

110여 년 만의 귀향

문화재청은 2019년 6월 지광국사탑을 법천사지로 옮기기로 결정했다고 발표했다. 하지만 경내 어느 지점에 놓을지는 아직 논의가 진행 중이다. 승탑이 원래 있던 자리에 보호각을 씌워 보존하는 방안과 원주시가 경내에 건립한 법천사지 유적전시관 안에 전시하는 방안을 비교 검토하고 있다. 보존 환경이 탑에 미치는 영향을 면밀히 검토한 후 최종적인 이전 위치를 결정하기로 했다고 한다.

실제 탑의 귀환 시기는 2023년 가을쯤으로 예정되어 있다. 이 글을 쓰고 있는 2023년 3월로부터 얼마 남지 않은 시간이다. 새롭게 태어난 보물을 빨리 보고 싶다.

06

흥법사지
적막의 환한 정원

흥법사지 또한 원주 3대 폐사지 중의 하나다. 법천사지와 거돈사지가 남한강과 가깝다면, 흥법사지는 섬강을 굽어보고 있다. 법천사지와 거돈사지가 산에 둘러싸여 아늑하다면, 흥법사지는 앞이 탁 트여 내다보는 눈맛이 시원하다. 뒤로는 영봉산 자락이 병풍처럼 두르고 있고 앞으로는 섬강이 유유히 흐른다. 배산임수의 명당에서 크게 번성했던 천년 전의 흥법사.

하지만 지금의 절터에선 화려했던 옛 영화를 찾아보기 힘들다. 1만여 평에 이르렀다는 절터는 대부분 밭으로 변했고 무너진 석축 위에 잡풀만 바람에 흔들리고 있다. 깨지고 금 간 석탑과 탑비만이 이곳이 옛 절터임을 알려주고 있다. 그래서

일까, 아무 곳이나 파보면 아직도 쏟아지는 깨진 기왓장이며 도자기 조각이 이곳을 찾을 때마다 마음을 긋고 간다.

태조 왕건과 진공국사탑비

흥법사가 언제 창건되었는지는 정확한 기록이 없다. 다만 통일신라 말기에 세워져 고려시대에 크게 번성한 선종사원으로 알려져 있다. 흥법사가 우리의 관심을 끄는 건 고려 태조 왕건과 밀접한 관련이 있기 때문이다. 태조 왕건이 직접 비문을 쓴 진공대사탑비(보물 제463호)가 남아 있다. 진공대사는 신라 말고려 초의 선사였던 충담(869~940)으로 당나라 유학생 출신이다.

충담이 유학에서 돌아온 직후인 921년 태조 왕건은 그를 왕사에 임명한다. 이후 흥법사에 주석하다가 940년 입적했다. 진공은 그의 사후 태조가 내린 시호다. 입적 후에 진공대사탑과 탑비가 세워졌는데 탑비의 비문을 쓴 사람이 바로 태조 왕건이다. 태조가 진공대사와 그가 머물렀던 흥법사를 매우 중시했다는 증거다. 진공대사가 주석하는 동안 흥법사는 흥법선원으로 불리며 수백 명의 스님이 수행하는 대사찰로 사세가 크게 융성했다고 한다.

현재 흥법사지를 지키고 있는 진공대사탑비는 온전한 상

태가 아니다. 받침돌인 귀부 위에 머릿돌인 이수가 얹혀 있을 뿐, 비문을 새긴 탑신이 없다. 태조가 직접 지은 비문은 당시의 문인 최광윤에게 명해 당 태종의 글씨를 집자해 새겼다. 조선 초 문인인 서거정(1420~1488)의 시에 "법천사 뜰에서 탑을 시로 읊고, 흥법사 대 앞에서는 비석을 탁본하네(法泉庭下詩題塔, 興法臺前墨打碑)"라는 구절이 있다. 이 시는 진공대사탑비의 글씨를 귀히 여기는 문사들이 찾아와 탁본하던 당시 흥법사 마당의 풍경을 우리에게 넌지시 떠올려 준다.

많은 문화재가 그랬던 것처럼 진공대사탑비 또한 조선 임진년의 전란을 비켜가지 못했다. 임진왜란 때 탑비의 글씨를 탐낸 왜군들이 탑비를 끌고 가다 깨뜨렸다고 한다. 깨진 비석 조각의 일부가 지금 용산 국립중앙박물관에 보관되어 있다.

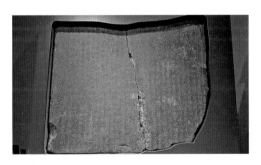

진공대사탑비문 중 일부 임진왜란 때 깨진 탑비의 일부가 용산 국립중앙박물관에 소장되어 있다.

그 귀중한 비석 전체를 볼 수 없다는 건 아쉬운 일이지만, 일부라도 전해지고 있으니 불행 중에서도 여간 다행스러운 일이 아니다.

흥법사 유물의 수난은 이뿐만이 아니다. 진공대사탑(보물 제365호) 또한 일제강점기인 1931년 일본인이 강제로 반출해 간 유물이다. 다시 되찾아 오랫동안 경복궁에 있다가 지금은 용산 국립중앙박물관 야외 전시장에 있다. 원주가 보유한 소중한 문화유산들이 민족의 수난과 함께 유랑한 흔적이다. 원주 폐사지 여행의 끝이 늘 국립중앙박물관에서 마무리되는 이유이다.

잔멸의 아름다움

흥법사지를 갈 때마다 나는 진공대사탑비 앞에서 꽤 많은 시간을 보낸다. 비석을 잃어버려 상처 입은 돌조각을 하염없이 마주 보느라 시간 가는 줄 모른다. 그러면 탑비와 나 사이 불과 몇 미터 거리를 시간이 출렁출렁 건너온다. 바닥에 붙박인 채 사나운 표정을 짓고 있는 용두에서 하루처럼 지나간 세월의 무상함이 묻어난다. 뒤집힌 입술 사이 강철 같은 이빨로 꽉 물고 있는 여의주가 마치 응고된 천년의 시간을 물고 있는 것만 같다.

진공대사탑비(보물 제463호) 비석을 잃어버린 채 귀부 위에 이수가 올라앉아 있다. 상처 많은 탑비이지만 사나운 표정의 용두와 역동적인 이수의 돌조각은 늠름하고 힘이 넘쳐난다.

오랜 세월을 견뎌 온 진공대사탑비에 새겨진 조각은 섬세하기 이를 데 없다. 가만히 바라보고 있으면, 먼 옛날 어느 석공의 솜씨에 몸과 마음이 저절로 수긋해진다. 종잇장 구기듯화강암을 주물러 저토록 생생한 표정들을 돌 속에서 끄집어냈다. 들린 채 벌름거리는 용두의 콧구멍은 지금이라도 더운 김을 씩씩 내뿜을 듯하다. 툭 불거진 눈망울에선 어두운 중생을깨우는 푸른 기상이 뿜어져 나온다.

늠름하고 듬직한 거북 등은 섬세한 문양으로 가득하다. 만(卍) 자와 연꽃을 육각형 도형 안에 촘촘하게 새겨 넣었다. 유연한 거북 등의 곡선이 일품이다. 그 위에 머릿돌인 이수가 얹혀 있다. 진공대사탑비의 이수는 역동적인 힘으로 넘친다. 아홉 마리의 용을 구름과 함께 새겨 넣었다. 서로 몸을 칭칭 감은 채 포효하는 듯한 용머리의 표정이 싱싱하다. 금방이라도하늘로 날아오를 것만 같은 힘과 위용이 보는 이를 압도한다.

나는 진공대사탑비를 바라볼 때마다 늘 생각하곤 한다. 저귀부와 이수 사이 잃어버린 비석을 마음속에서 복원해 보는것이다. 그러면 눈앞에서 한 번도 본 적 없던 원래의 탑비가당당하게 솟아오른다. 태조 왕건의 명문과 당 태종의 명필이섬세한 조각과 어울려 뿜어내는 석조 예술의 아름다움을 상상해 보는 것이다.

상상은 언제나 상상으로 그치고 끝내 아프다. 하지만 아픈 상상은 폐사지가 베푸는 귀한 선물이다. 폐사지란 잔멸의 흔적이 별처럼 반짝이며 보는 이의 가슴에 밤하늘의 유성처럼 긴 금을 긋고 가는 곳이기 때문이다. 흥법사지에는 아프게 아름다운 잔멸의 흔적이 또 하나 있다. 3층석탑이다.

고독한 수행자를 닮은 3층석탑

흥법사지의 3층석탑(보물 제464호)은 언제 누가 조성했는지 알지 못하는 석탑이다. 다만 양식상 신라 말 고려 초에 세워진 것으로 짐작할 뿐이다. 2층의 기단에 3층의 몸돌과 지붕돌을 올린 전형적인 일반형 석탑이다. 이 석탑은 빼어난 맵시와 정교한 조각을 자랑하는 명품과는 거리가 멀다. 기단 면석에는 안상과 꽃무늬가 희미하게 조각되어 있을 뿐 특별한 감흥을 주지 못한다. 기단부와 탑신부의 비례가 맞지 않아 탑 전체의 균형 또한 잃었다. 한마디로 미적 가치가 없는 석탑이다.

하지만 나는 흥법사지에 갈 때마다 정교한 조각 솜씨를 뽐내는 지공대사탑비 못지않게 이 볼품없는 석탑을 바라보다 저무는 시간에 쫓겨 발길을 돌린 적이 많았다. 흥법사지 3층석탑은 어쩐지 야위고 수척한 모습이다. 그 모습이 마치 한 겨울 혹독한 고행을 끝내고 막 선방을 나서는 수행자의 지친 표정

흥법사지 3층석탑(보물 제464호) 천년의 세월을 견디느라 어쩐지 야위고 수척한 모습이
다. 혹독한 고행을 끝낸 수행자의 지친 표정 같기도 하다. 그래서일까, 특별한 개성이 없는 저
평범한 모습에 더 애정을 느끼곤 한다.

을 닮았다. 아무도 알아주는 자 없지만 저만의 자리를 묵묵히 지켜 온 이 세상 모든 무명인의 고독을 나는 저 석탑의 자세에서 읽는다.

천년을 서 있는 석탑도 허리가 아픈지 조금씩 기우는 모양새다. 시큰한 세월에 돌 틈 사이에서 삐걱거리는 소리가 날 것만 같다. 틈새 사이로 봄빛이 연신 드나들며 깨지고 금 간 돌을 붙들고 이어 붙이느라 봄날이 짧을 지경이다. 실제로 3층 석탑은 어지간히 낡고 오래된 흔적이 역력하다. 마모되고 깨져 나간 곳곳이 헐겁고 삐뚜름하다. 작은 충격에도 무너질 듯 위태로워 보인다.

수수께끼의 염거화상탑

용산 국립중앙박물관 야외 전시장에 가면 국보 제104호로 지정된 염거화상탑이 있다. 원래의 자리에서 서울로 옮기려고 해체할 때 청동제 탑지(塔誌)가 발견된 탑이다. 탑지란 탑의 건립 과정과 관련 인물 등에 관해 밝혀 놓은 기록이다. 기록에 따르면 신라 문성왕 6년(844)에 조성되었고, 주인은 염거화상(?~844)으로 확인되었다. 조성 연대와 주인공이 밝혀진 귀중한 탑인 것이다. 염거화상 또한 선종의 역사에서 가지산문(迦智山門)의 제2대 선사로 알려진 중요한 인물이다.

문제는 염거화상탑을 설명하고 있는 안내판이다. 안내판에는 "전(傳)흥법사터 염거화상탑"이라고 쓰여 있다. 이 말은 '염거화상탑이 흥법사지에 있었다고 전한다'는 의미를 담고 있다. 염거화상탑이 흥법사지에서 반출되었다는 전언은 아직까지 수수께끼로 남아 있다. 해방 전뿐만 아니라 해방 후에도 여러 차례 흥법사지를 정밀 조사했지만 염거화상탑이 있었던 자리를 뚜렷하게 찾지 못했다는 것이다.

일제강점기 시절 일본인 도굴꾼들이 각지의 문화재를 도굴하면서 염거화상탑을 흥법사지에서 반출했다고 잘못 기록한 데서 착오가 발생하지 않았나 하는 것이 지금까지 학계의 입장이다. 만약에 염거화상탑이 흥법사지에서 반출된 것이 확실하다면 흥법사지는 또 하나의 귀중한 문화유산을 보유했던 명찰로서 거듭날 것이 분명하다.

흥법사지는 지금도 아무 곳이나 파면 깨진 기와며 도자기 조각이 쏟아져 나온다. 절터 한구석에는 수습한 기와와 도자기 파편이 수북하게 쌓여 있다. 나는 흥법사지에 갈 때마다 쪼그리고 앉아 이리저리 땅을 헤집으며 깨진 조각들을 찾아낸다. 그리고는 옛 주춧돌 위에 깨진 조각들로 탑을 쌓는다. 천년 위에 천년 그 위에 또 천년.

늦가을의 흥법사지가 덧없는 세월이나 비질하는 바람의

염거화상탑(국보 제104호) 흥법사지에 있었다고 전하는 문제의 탑이다. 하지만 출처에 대한 확실한 근거가 없어 아직 미스터리로 남아 있다. 용산 국립중앙박물관 마당에 전시되어 있다.

여인숙이었다면, 봄빛 부서지는 흥법사지는 산새 울 때마다 고요 한 송이씩 허공에 피어나는 적막의 환한 정원을 닮았다. 내가 쌓아 올린 적막의 천년 위에 봄빛이 살짝 한 발을 딛고 올라서고 있다.

07

흥원창
역사의 일몰이 아름다운 포구

두 개의 강물이 원주 땅을 적시며 흐른다. 남한강과 섬강이
다. 남쪽에서 흘러온 남한강과 북쪽에서 내려온 섬강이 만나
는 지점이 부론면 흥호리다. 몸을 불린 강물은 서울 쪽으로 방
향을 틀어 흘러간다. 강물을 사이에 두고 충북 충주와 경기도
여주 그리고 원주 부론면이 정답게 마주 보고 있다.

합수머리에서 강폭은 넓어지고 강물은 깊어진다. 지금은
배 한 척 다니지 않지만 예전에 이곳은 천혜의 포구였다. 겨울
햇살이 포근했던 날, 옛 포구를 걸었다. 겨울 강의 수면은 맑
고 잔잔했다. 강물 위에 내려앉은 철새들의 풍경이 평화롭다.
번성했던 포구의 풍경을 상상하며 물가로 내려가 본다. 옛 흔

적은 어디에도 없고 새들만 일제히 날아오르는 겨울 강의 오후. 오래전 번영을 누렸던 이곳의 이름은 흥원창(興原倉)이다.

아름다운 이름, 은섬포

흥원창은 고려와 조선시대에 설치했던 조창(漕倉) 중의 한 곳이다. 고려와 조선시대에는 전국 여러 곳에 창고를 두고 백성들로부터 세금으로 징수한 곡물을 보관했다. '조창'이란 거둬들인 세곡을 보관하기 위해 해안이나 강변에 설치했던 창고를 말한다. 고려 때에는 전국에 13개의 조창을 설치했는데 그중의 하나가 흥원창이다.

흥원창이 원주에 설치된 까닭은 남한강과 섬강이 만나는 교통의 요지이자 지정학적 요충지였기 때문이다. 이곳은 한반도의 중심이자 허리에 해당한다. 삼국시대 이래 원주의 남한강 유역은 군사적으로 매우 중시된 곳이다. 원주 흥호리 일대를 차지한다는 것은 남한강 유역을 선점하는 관건이 되었고, 이곳을 차지하는 세력이 늘 한반도의 패권을 좌지우지했다. 남한강 수로를 따라 동서남북을 모두 공략할 수 있는 전략적 요충지였다.

흥호리에서 서쪽인 한강 하류로 내려가면 개경에 닿을 수 있었고, 남쪽으로 남한강을 거슬러 오르면 중부 내륙 깊숙이

들어갈 수 있었다. 그런가 하면 섬강을 역류하여 횡성을 지나면 강원 영동과 곧바로 이어졌다. 남한강 수로는 지금의 고속도로와 같은 광역교통망 역할을 한 것이다.

이렇게 내륙 수로 교통의 중심지였던 이곳에 흥원창이 언제 설치되었는지는 확실치 않다. 다만 조창제도가 정비될 무렵인 고려 성종 11년(992)에 '60포제'라는 세곡 운송 방식이 시행되었다. 전국 해안과 내륙 수로에 60개의 포구를 설치하고 이곳에서 세곡을 모아 경창으로 운송했다고 한다.

흥미로운 것은 흥호리도 60개 포구 중의 한 곳이었는데 그때의 이름이 '은섬포(銀蟾浦)였다. 아름다운 이름이다. 현종(1009~1031)과 정종(1034~1046) 연간에 60개의 포구를 폐쇄하면서 핵심적인 13곳만 남겨 조창으로 전환하였는데, 이때 은섬포가 흥원창이 되었다고 한다. 옛 이름 은섬포가 흥원창으로 바뀌어 오늘날까지 전해 오고 있는 것이다.

물류와 문화의 허브 터미널

옛 기록에 따르면 흥원창에는 한 척당 200섬을 실을 수 있는 평저선(平底船) 21척이 배치되어 있었다고 한다. 매년 추수가 끝나면 인근 지역에서 세곡을 수납했다. 흥원창이 관할하던 수세 지역은 원주 · 횡성 · 여주 · 평창 · 영월 · 정선 · 제천 등 강원 영서와 내륙 일부 지역까지 미쳤다. 수로와 육로를 통해 들어오는 세곡들이 흥원창에 산더미처럼 쌓였을 것이다. 수납된 세곡들은 다음 해 봄, 강에 얼음이 풀리면 개경으로 운반하였다.

봄날이면 세곡을 가득 실은 평저선들이 개경을 향해 출발하던 풍경을 상상하기란 어렵지 않다. 거대한 선단을 이룬 배들이 일제히 돛을 올리고 떠나던 흥호리 포구는 장관이었을 것이다. 배들이 여주와 양평을 지나 두물머리에서 북한강과

흥원창 표지석 지금은 자전거 라이딩족이나 산책 나온 사람들이 찾는 한적한 강변이지만, 저 커다란 화강암 표지석은 이곳이 고려시대 이래 번영을 누렸던 원주의 흔적과 역사를 간직한 장소임을 알려주고 있다.

만나던 물길은 예나 지금이나 다를 리가 없다. 한강 하류에서 예성강을 거쳐 개경에 도착하면 긴 여정이 끝났다. 물길이 순조로울 때는 흥호리에서 개경까지 3일 정도 걸렸다고 한다. 운반된 세곡은 고려의 국가 운영을 위한 중요한 경제적 기반이 되었다.

남한강 수로가 내륙의 세곡 운송로의 기능만 한 것은 아니다. 서해에서 생산된 수산물과 생필품들이 내륙으로 수입되는 통로 역할 또한 감당했다. 더 중요한 것은 뱃길을 통해 당대의 정치인과 종교인, 학자와 문인 등 수많은 인사들이 드나들며 선진 문물과 문화의 소통이 활발히 이루어졌다는 점이다. 남한강 유역에서 고려시대의 대찰들이 크게 융성할 수 있었던 것도 흥원창이라는 '허브 터미널'이 있었기 때문에 가능했을 것이다.

조창의 쇠퇴

조선시대에는 고려 때의 13개 조창을 9개로 정비했는데, 흥원창은 그대로 존속되었다. 하지만 조선시대에는 고려 때만큼 조운이 활발하지 못했다. 17세기 무렵부터는 세금을 곡물 대신 화폐로 납부하는 세제가 시행되었다고 한다. 더욱이 조선 후기에는 국가에서 관장하는 조운이 쇠퇴하고 개인 업자가

돈을 받고 배를 운영하는 사선임운(私船賃運)이 널리 행해지면서 조창의 기능과 역할은 더욱 축소될 수밖에 없었다.

흥원창이 언제 폐지되었는지 정확히 알 수 없다. 다만 김정호(1804~1866)가 1861년부터 1866년 사이에 편찬한 『대동지지(大東地志)』에서 "흥원창은 관아에서 서남쪽으로 70리 거리인 섬강 북쪽 강가에 있다.…… 지금은 폐지되고 원주의 전세만을 거둔다"라고 한 기록에 따르면, 늦어도 19세기 중반쯤에는 폐지된 것이 아닌가 싶다.

다산 정약용(1762~1836)의 시 한 편은 흥원창이 적어도 19세기 초까지는 존속했음을 우리에게 알려준다.

흥원포에 있는 옛 창고는
가로지른 서까래 일자로 가지런하다
봄철 조운은 이미 끝났는데
아직도 포구 사용료를 강요하는구나[8]

1819년 4월 15일, 다산이 충주로 가기 위해 남한강 뱃길로 흥원창을 지나면서 읊은 시다. 봄철이면 아직 한양까지 뱃

---

8 출전은 『여유당전서(與猶堂全書)』

길이 열렸던 사실과 조운이 끝났는데도 포구 사용료를 뜯어가는 관리의 횡포를 꼬집고 있다.

그림 속 흥원창과 창말

현재 흥호리 포구에는 옛 흥원창과 관련된 아무런 흔적도 찾을 수 없다. 커다란 화강암에 흥원창이라고 쓰인 표지석 하나만 무심히 서 있을 뿐이다. 다만 강변에 걸려 있는 그림 한 점

정수영의 그림 〈흥원창〉 산을 등지고 물가를 따라 들어선 집들의 풍경이 정답고 평온하다.
『한임강명승도권』에 수록, 지본에 수묵화(세로 24.8㎝, 가로 157.5㎝), 국립중앙박물관 소장.

이 이곳을 찾는 방문객의 눈길을 끌고 있다.

그림은 조선 후기 화가인 정수영(1743~1831)의 『한임강명
승도권』(1796, 국립중앙박물관 소장)이란 책 속에 들어 있는 산
수화 복사본이다. '흥원창'이란 제목의 그림은 번성했던 옛 시
절의 흥원창을 희미하게나마 우리에게 보여주고 있다. 그림
속의 흥원창은 배산임수의 자리에서 반듯한 집들이 연이어 서
있는 조용하고 평화로운 풍경이다.

홍원창의 창고가 실제로 있었던 위치에 대해서는 지금도 정확히 알지 못한다. 다행히 '창말'이란 지명이 남아 있어 이곳이 옛 조창터임을 넌지시 알려준다. 홍원창 부근 49번 지방도로를 지나가다 보면, 낡고 오래된 글씨로 창말이라 쓰인 나무 표지판을 볼 수 있다. '창고가 있는 마을'이란 뜻이니, 지명을 통해 여기 어디쯤 창고가 있었다는 사실을 한 번쯤 되새기게 된다.

애잔한 역사의 일몰

홍원창의 포구 일대는 늘 붐볐을 것이다. 사람과 물자가 모이는 곳에 시장이 서지 않았을 리 없다. 물건값을 흥정하는 장사

창말 표지판 홍원창을 지나가는 49번 지방도로에 서 있다. 근처 어디쯤 창고가 있었으리라 짐작하게 한다.

치들, 배에 물건을 싣고 내리는 배꾼들의 고함 소리, 물길 따라 내려오다 하룻밤 묵어가는 떼꾼들로 시끌벅적했을 풍경이 그려진다. 고된 하루의 일과를 마치고 탁주 한잔 기울이다 각자 제 갈 길로 돌아갈 때, 휘영청 밝은 달이 강물을 환하게 비추던 날도 있었을 것이다.

철새만 고요한 겨울 강엔 이젠 아무것도 없다. 배도 사람도 시장도 주막도 모두 사라진 이 물가에 그 옛적 풍경과 같은 것이 있다면 지금 막 지고 있는 석양이다. 흥원창의 일몰은 아름답기 그지없다. 지는 해를 바라보며 사진을 찍는 사람들의 모습은 이곳에선 흔히 보는 풍경이다. 고요한 수면이 붉게 물들 때, 지는 것은 해만이 아닐 것이다. 오랜 시간 누렸던 번영과 쇠락의 기억도 함께 지는 것이다. 흥원창의 일몰은 어쩌면 망각의 일몰이다. 조금씩 지워지고 잊혀지는 역사의 일몰. 그러므로 흥원창의 석양은 아름답되 어쩐지 애잔하다.

봄날의 흥원창 왼쪽(남쪽)의 남한강과 오른쪽(북쪽)의 섬강이 합수해 몸집을 불린 강물이 가운데(서쪽)로 방향을 틀어 서울로 향하고 있다. 지금이야 배 한 척 다니지 않지만, 고려와 조선 시대에 수많은 배들이 세곡을 가득 싣고 포구를 떠나던 풍경은 장관이었을 것이다. 번성했던 옛 흔적은 사라지고 지금은 따스한 봄빛만이 산하에 가득하다.

08

원동성당

지학순 주교 그리고 민주화운동의 성지

"성당 마당은 늘 고요했다. 이따금 신부님이나 수녀님이 조용히 지나갔다. 성당 문을 열고 들어가면 풍금 소리가 들렸다. 맨 뒷자리에 앉아 가만히 듣곤 했다. 그런 날이면, 선생님이 내준 숙제도 엄마가 시킨 심부름도 다 까먹었다. 아무도 나를 간섭하지 않아 좋았다. 단정하게 높이 솟은 종탑처럼 여기에선 모든 게 반듯하고 정갈했다. 열 살 무렵 내 고향 원주의 원동성당은 세상에서 가장 높고 거룩한 집이었다.

오늘은 가을비가 내린다. 그때 그 자리에 앉아 본다. 50여 년 만이다. 그날처럼 침묵이 가득한 성당 안. 지붕 밖 처마의 홈통을 타고 똑똑, 떨어지는 빗방울 소리 선명하다. 열 살 무렵의 내가 슬며시 내 옆에 앉는다. 아이와 함께 오늘은 풍금 소리 대신 빗소리를 듣는다. 때론 소란하고 넘어지고 헤매던 반생이 오랫동안 빗소리에 젖는다."

내 어린 기억 속의 거룩한 집

위의 글은 몇 해 전 가을, 일기처럼 적어 두었던 글이다. '빗소리 성당'이란 제목이 붙어 있는 걸 보니, 그날 비가 내렸었나 보다. 가을비가 불러들인 내 어린 기억 속의 원동성당. 그곳은 나만의 쉼터 같은 곳이었다. 개운동에 있던 집으로 가는 길

원동성당 내부 열 살 무렵의 내가 가만히 앉아 있곤 했던 자리. 성당 안에 고이는 침묵과 스테인드글라스의 아름다운 빛은 반세기가 지난 지금에도 변한 것이 없다.

에는 언제나 성당을 지나쳐야 했다. 지나갈 때마다 성당 앞에 선 괜히 발걸음이 느려졌다. 멈춰 서서 종탑을 물끄러미 올려다보면, 맨 꼭대기의 커다란 둥근 돔형은 늘 신기했고 마음도 덩달아 둥글어졌다.

텅 빈 성당 안은 딴 세상처럼 고요했다. 영롱한 빛깔의 스테인드글라스에 정신을 빼앗겨 이따금 고요 속에서 숨이 막혔다. 반듯한 제대와 십자가는 언제나 침묵했지만, 침묵이 거느린 이상한 위엄과 성스러움은 어린 가슴에도 또렷이 전해 졌다. 세상에 태어나 내가 겪은 최초의 종교적 체험이었음을 나중에야 깨달았다. 나에게 종교적 원체험을 선사해 준 원동성당이 얼마나 유서 깊고 역사적인 장소인지 알게 된 것은, 내가 고향을 떠나고도 많은 세월이 흐른 뒤였다.

2023년 현재 원동성당은 본당 설립 127주년을 맞는다. 1896년 8월, 프랑스인 르 메르 신부가 처음 부임하면서 성당이 설립되었다고 하니, 참 아득한 시절의 이야기다. 현재의 성당은 한국전쟁 이후 1954년에 재건된 건물이다. 전후 복구된 성당 건축으로는 원형이 잘 보존되어 온 덕분에 지난 2004년에 국가 등록문화재 제139호로 지정되었다.

시멘트 벽돌로 지었으면서도 외벽 처리가 깔끔해서 마치 장엄한 석조건축물처럼 보인다. 정면 중앙의 높이 솟은 사각

원동성당 전경 한국전쟁 이후 1954년에 재건된 건물. 지금까지 원형이 잘 보존되어 왔을 뿐만 아니라 1970, 80년대 원주 민주화운동의 숨결을 간직하고 있다. 지난 2004년 국가 등록문화재 제139호로 지정되었다.

형의 종탑은 언제 보아도 듬직하고, 둥근 돔형으로 마감한 종탑 꼭대기는 이국적 분위기를 물씬 풍긴다. 나는 지금도 내 고향 원주를 생각하면, 원동성당의 높고 둥근 종탑의 이미지가 가장 먼저 떠오른다.

빛이 된 다니엘 주교님

원동성당의 정식 명칭은 천주교 원주교구 주교좌 원동성당이다. 1965년 교구로 승격되면서 같은 해 지학순(1921~1993) 다니엘 주교가 초대 교구장으로 임명되었다. 지학순 주교는 원동성당과 떼려야 뗄 수 없는 분이다. 1993년 선종할 때까지 성직자로서 그의 생애는 원동성당의 역사와 함께한다. 특히 지학순 주교가 이끄는 원동성당이 지난 시절 원주에서 일어난 민주화운동의 구심점이 되었다는 사실은 특별히 강조되어야 할 부분이다.[9]

---

9 이 글에서 소개하는 지학순 주교의 삶과 관련된 행적과 일화, 1970, 80년대 민주화 운동 과정에서 벌어졌던 사건의 내용 등은 주로 아래 책에서 참고했음을 밝혀 둔다.
  1. 지학순정의평화기금 엮음, 『그이는 나무를 심었다-지학순 주교의 삶과 사랑』, 공동선, 2000.
  2. 김정남, 『이 사람을 보라-어둠의 시대를 밝힌 사람들』, 두레, 2012.
  3. 김정남, 『이 사람을 보라-인물로 보는 한국민주화운동사』, 두레, 2016.
  4. 김정남, 『진실, 광장에 서다-민주화운동 30년의 역정』, 창비, 2005.
  5. 김삼웅, 『장일순 평전-무위당의 아름다운 삶』, 두레, 2019.

그는 말로만 사목하는 성직자가 아니었다. 교회 안에만 머물러 있지 않았다. 교회란 세상을 비추는 빛이 되어서 사회의 어두운 구석을 밝히고, 억압받고 소외된 자들을 돌보는 데 헌신해야 한다고 굳게 믿는 성직자였다. 지 주교의 이러한 실천적 신앙관은 그대로 원동성당의 사목적 지침이 되었을 뿐만 아니라 이후 그의 삶에도 깊은 영향을 끼쳤다.

지 주교는 교구 내 경제적으로 어려운 농어촌과 광산촌 사람들의 삶에 깊은 관심을 가졌다. 당시 원주교구는 영월·삼척·정선·울진 등을 교구 내에 두고 있었다. 모두 경제적, 문화적으로 낙후된 지역들이었다. 지 주교는 광산촌의 비참한 노동 현장과 영세민과 빈민들의 삶에 깊은 관심을 가졌다. 1966년 원동성당 내에 조직한 신용협동조합은 바로 소외된 농어촌과 광산촌 사람들을 위한 구체적인 사업이었다. 신용협동조합의 창립은 1980년 이후 원주시가 전국적으로 생협(생활협동조합)의 메카로 성장하는 데 시발점이 되었다는 점에서 큰 의미가 있다.

지학순 주교는 교육 사업에도 소홀하지 않았다. 진광학원(진광중고등학교)을 설립하고 이사장에 취임한 것이 1967년이다. '진광(眞光)'이란 교명은 세상을 비추는 참된 인재를 키우고자 했던 지 주교의 소망을 담아낸 것이다. 1968년에는 원동성당 건너편에 가톨릭 센터를 건립해 시민과 문화예술인들에게 개방하기도 했다. 당시 변변한 문화시설 하나 없던 원주에 세워진 가톨릭 센터는 지금까지 남아 많은 이들이 추억하는 장소가 되고 있다.

1972년 8월에는 남한강 유역의 대홍수로 수천 명의 이재민이 발생하는 재해가 있었다. 이때에도 지 주교는 즉시 '원주교구 재해대책사업위원회'를 구성하고 재난 극복에 혼신의 노력을 다했다. 1970년대 내내 열악한 노동환경에 시달리는 노동자가 있는 곳이라면 그는 어디든지 달려가 그들의 목소리에 귀기울였다.

양심선언과 주교의 구속

지학순 주교는 권력의 부정과 불의에도 결연히 맞섰다. 1972년 10월 유신을 선포하고 헌정을 중단시킨 박정희 군사정권에 저항했던 일화는 너무도 유명하다. 1970년대 내내 폭압적인 유신정권에 저항했던 지 주교와 원동성당은 독재정권에겐 눈엣가시였을 것이다. 마침내 불의한 정권은 그에게 억울한 누명을 씌워 강제 납치하는 만행을 저지르기에 이른다.

1974년 7월 6일, 해외에서 열린 회의에 참석하고 귀국하는 김포공항에서 정보기관 요원들이 그를 강제 납치한 것이

124

1965년 6월의 원동성당 이날 초대 교구장 지학순 주교의 성성식과 착좌식이 거행됨으로써 원동성당은 원주교구 주교좌 성당으로 승격되었다.

다. 그에게 씌워진 혐의는 긴급조치 1호(개헌논의 금지)와 4호(민청학련 관련 활동 금지) 위반이었다. 민청학련 사건과 관련해서 내란을 선동할 목적으로 김지하에게 자금을 줬다는 이유였다. 터무니없는 누명을 씌운 것이다.

지학순 주교는 결코 굴복하지 않았다. 그는 7월 23일 국내외 기자들 앞에서 '양심선언문'을 낭독했다. 김수환 추기경이 맨 앞자리에서 지켜보고 있었다. 모두 5개 항으로 된 선언문은 유신정권을 격렬하게 공격했다. 하느님의 정의와 진리에 반하는 유신헌법의 부당성과 폭력성, 불법성을 조목조목 비판하는 목소리가 매서웠다. 5개 항 중 첫 번째 항목의 선언부터 유신헌법을 정면으로 부정하는 입장을 밝힌 것이다.

"소위 유신헌법이라는 것은 1972년 10월 17일 민주 헌정을 배신적으로 파괴하고 국민의 의도와는 아무런 관계없이 폭력과 공갈과 국민투표라는 사기극에 의해 조작된 것이기 때문에 무효이고 진리에 반대되는 것이다."[10]

지 주교의 '양심선언'은 박정희 유신 통치 기간 동안 최초의, 그리고 가장 강력한 유신에 대한 정면 부정이었다는 점에서 큰 의의를 갖는다. 치명타를 입은 정권은 그를 투옥함으로써 입을 막으려 했다. 지 주교의 투옥은 교회뿐만 아니라 그동안 정권의 억압에 숨죽이고 있던 우리 사회를 민주화의 열기로 달아오르게 하는 도화선이 되었다. 시국이 급박하게 소용돌이치기 시작했다. 그의 투옥을 반대하는 시국미사가 전국적으로 봉헌되었다.

그러나 국내외의 심각한 우려에도 불구하고 지학순 주교는 8월 12일 3차 공판에서 징역 15년, 자격정지 15년을 선고받고 마침내 법정구속 되는 사태가 벌어졌다. 주교 신분의 성직자가 불의한 정권에 저항했다는 이유로 구속된 것이다. 한국 천주교 역사상 처음 있는 일이었다.

---

10 김정남, 『이 사람을 보라 – 어둠의 시대를 밝힌 사람들』, 두레, 2012.

천주교정의구현전국사제단의 탄생

지학순 주교의 구속 사태는 천주교회가 젊은 사제들을 중심으로 굳건히 연대하고 현실정치의 부정과 불의에 눈뜨게 되는 계기가 되었다. 평소 존경하던 교구장의 구속은 성직자들에게 커다란 충격과 파문을 일으켰다. 불의한 정치에 항거하고 지 주교의 구속에 대처하기 위한 조직적이고 구체적인 구심체가 만들어져야 한다는 공감대가 형성되기 시작했다. 이런 분위기 속에서 8월 29일 서울대교구 소속인 함세웅 신부 등 34명이 명동성당 사제관에서 회동한다. 지학순 주교의 구속 사태에 대한 의견을 모으고 향후 사제들의 공동행동을 모색하

신부들과 원주 시민들의 민주화 시위 1974년 9월 24일 원동성당에서 기도회를 마친 후 지학순 주교의 석방과 민주화를 촉구하며 사제단과 신도 및 원주 시민들이 시위에 나서고 있다.

기에 이르렀다.

이런 움직임은 9월 23일 원주교구 원동성당에서 열린 세미나로 이어졌다. 이날 전국에서 모인 300여 명의 사제들이 토론 끝에 마침내 사제단의 결성과 명칭에 합의한 것이다. 이렇게 해서 탄생한 단체가 바로 '천주교정의구현전국사제단'이다. 세미나가 끝난 다음 날인 24일에는 원동성당에서 사제단의 결의를 굳건히 다지는 기도회를 갖고 1,000여 명의 신자와 성직자가 가두시위에 나섰다. 전국의 성직자들에 의해 감행된 최초의 반정부 시위가 원주의 원동성당을 중심으로 발생한 것이다.

이처럼 지학순 주교의 구속 사태는 전국적 규모의 사제단 결성으로 이어져 온 교회의 각성을 불러일으킨 거대한 사건으로 발전되었다. 이후 사제단은 1970, 80년대 민주화투쟁의 고비마다 선두에서 큰 역할을 했다. 특히 1987년 명동성당에서 사제단이 집전한 미사 중 김승훈 신부가 폭로한 '박종철 고문치사 사건'은 전두환 군사독재 정권을 끌어내리고 민주화를 앞당기는 기폭제가 된 너무도 유명한 사건이다.

사제단은 천주교회 내 비인가 하위 조직이지만, 젊은 사제를 중심으로 한 사제단의 출범은 곧 교회가 불의한 정권에 맞서 정치적 반대운동에 나설 수 있음을 의미했다. 이것은 한국

석방된 지학순 주교 1975년 2월 서울구치소에서 석방된 후 원주에 도착해 수많은 시민들의 환영을 받으며 가두행진을 하고 있다. 꽃목걸이를 건 지 주교의 오른쪽은 김지하 시인.

교회사에서 매우 중대한 사건이었다. 그 탄생의 중심에 원동 성당과 지학순 주교가 있었다.

다행스럽게도 지학순 주교는 1975년 2월 17일 구속 집행 정지로 석방되었다. 교회와 국내외 뜻있는 인사들의 노력 덕 분이었다. 양심선언 이후 투옥된 지 226일 만이었다.

원주선언, 유신의 심장에 비수를 꽂다

지학순 주교는 석방되었지만, 1975년 내내 유신정권의 폭압 성은 더욱 극렬해졌다. 하지만 해가 바뀌자마자 이에 저항하는 은밀한 불길이 다시 한 번 원주에서 타오르기 시작했다. 새해 벽두인 1976년 1월 23일 저녁 7시, 원동성당에서 '인권과 민주회복을 위한 기도회'가 열린 것이다. 이 자리에는 개신교와 천주교의 목사, 신부, 성직자를 비롯해서 수백 명의 시민들이 참석했다.

기도회가 끝난 뒤 늦은 시각에 몇몇 인사들이 가톨릭 원주교육원에 다시 모였다. 원주교구의 신현봉 신부와 개신교 목사인 문익환·문동환 그리고 재야인사인 함석헌 등 모두 8명이었다. 이들은 미리 마련된 성명서 초안에 서명했다. 이 문건이 바로 '원주선언'이다. 제목이 따로 없어서 그냥 '원주선언'이라고 부르게 된 문건은 모두 9개 항목으로 나누어 유신정권의 모순과 폭압, 비민주성 그리고 외세 의존적 외교와 안보에 이르기까지 당대 현실에 대한 치열한 시대정신을 담아냈다. 수많은 지식인과 언론이 불의한 정권에 침묵하고 굴종하던 시대, 성직자들의 원주선언이 유신의 심장에 비수를 꽂은 것이다. 그때로부터 많은 세월이 흘렀고 시대는 변했지만, 원주선언은 지금 다시 읽어도 문맥에 스민 품격과 기백, 정의감은 조금도 줄어들지 않았다. 아래는 선언문의 일부다.

"적어도 하나의 제도가 민주주의로 불리워지기 위해

서는 반드시 지켜야 할 근본이념과 최소한의 원칙이 있으며 이것이 파괴될 때는 이미 민주주의는 존재하지 않는다. 그 근본이념이란 국가권력의 절대성과 무오류성을 부인하고, 견해와 이익의 다양성과 가치의 상대주의를 용납하며, 국가권력을 민중의 자유에 대한 가상의 적으로서 부단히 감시, 견제, 제한하는 비판정신을 장려하는 데 있다." [11]

원주선언은 "유신시대에 나온 여러 문건 가운데서도 가장 잘 정리된, 유신시대의 대표적인 반유신선언"이란 평가를 받는다. 그러나 원주선언은 당시 국내 언론에는 단 한 줄도 보도되지 못했다. 모종의 경로를 거쳐 해외로 전달된 후 비로소 외신에 보도되었다고 한다.

원주선언이 지닌 또 다른 의의는 약 한 달 후에 있었던 '3·1 민주구국선언'의 모체가 되었다는 점이다. 1976년 3월 1일 저녁 6시, 명동성당에서 20여 명의 사제단 신부들과 2,000여 명의 성직자와 신자들이 참석한 가운데 3·1절 기념행사가 열렸다. 이 자리에서 성직자와 재야인사 10여 명이 서

---

11 김정남, 『진실, 광장에서 서다―민주화운동 30년의 역정』, 창비, 2005.

명한 '민주구국선언'이 낭독되었다. 이것이 그 유명한 '3·1 명동 구국기도회사건'이다.

그날 미사는 조용히 끝났지만 다음 날인 3월 2일부터 관련된 인사들이 정보기관에 끌려가기 시작했다. 3·1절 기념행사를 '정부전복 선동 사건'으로 날조하면서 3월 11일 원주교구의 신현봉 신부와 문정현·함세웅 신부를 전격 구속했다. 3·1 명동사건을 구실로 원주선언 사건 관련자까지 문제 삼아 포악한 보복을 한 셈이었다. 그러나 두 사건을 계기로 오히려 종교계와 학계 그리고 재야의 양심적인 인사들이 범민주세력으로 연합해 독재와 맞서는 결과를 가져왔다.

법은 끝내 정의의 편

1980년대 들어 원동성당은 전두환 독재정권에 쫓기는 운동권 청년들의 의지처가 되기도 했다. 1982년 3월 부산 미국문화원 방화 사건의 주범인 문부식과 김은숙이 가톨릭 원주교육원으로 피신했다. 한편 방화 사건의 배후 인물인 김현장 또한 1980년 광주항쟁 관련자로 검문을 피해 원주로 잠입했다. 독재정권의 수배에 쫓기다가 갈 곳이 없어진 자들이 마지막 찾는 곳이 지학순 주교가 있는 원주였다.

당시 가톨릭 원장을 맡고 있던 최기식 신부는 이들을 모른체 할 수 없었다. 피신해 온 자들을 숨겨 주었다가 자진 출두 형식으로 공안당국에 자수하게 했다. 당시 독재정권의 위세에 굴복한 일부 언론은 한동안 원동성당을 '빨갱이의 소굴', '좌경용공분자의 온상'으로 매도하느라 여념이 없었다.

김현장이 자수하던 날, 지학순 주교는 《가톨릭 신문》과의 인터뷰에서 "비록 죄인이라 할지라도 도움을 요청하는 사람에게는 도움을 주어야 하는 것이 사제의 직분이다"라고 일갈했다.

1993년 3월 12일, 지학순 주교가 선종했다. 향년 73세였다. 평생에 걸쳐 불의한 권력과 독재와는 싸웠지만, 소외되고 가난한 자들에게는 늘 자애로웠다. 사회에서 가장 낮고 신음하는 자들 편에서 그들과 함께 고통을 나누던 성직자였다.

2020년 9월 17일은 지학순 주교의 긴급조치 위반 혐의에 대한 재심 공판이 있는 날이었다. 법원은 그에게 무죄를 선고했다. 지난 1974년 "유신헌법은 무효"라며 양심선언을 발표하고 구속되어 징역 15년, 자격정지 15년을 선고받은 지 47년, 지 주교 사후 19년 만의 일이었다. 법은 끝내 정의의 편에 손을 들어주었다.

09

아카데미극장
미래로 열린 꿈의 공장

아카데미극장은 원주에 남아 있는 유일한 단관극장이다. 2006년 폐관되었지만 1963년 개관한 이래 지금까지 옛 모습 그대로 자리를 지키고 있다. 60년 세월이다. 이토록 유서 깊은 극장이 지난 2020년 잠시 문을 열었다. 8월과 11월 두 차례 열린 '안녕 아카데미' 행사를 통해 일반시민을 맞아들였다. 한시적 개방이긴 했지만, 폐관한 지 무려 14년 만의 일이다.

1970년대 중반까지 나는 여기에서 많은 영화를 보며 소년 시절을 보냈다. 50여 년 만에 다시 찾은 극장은 낡고 고요했다. 상영관 안으로 들어서는 순간, 묵은 공기 냄새가 훅 끼쳐왔다. 오래 잊고 있던 기억과 그리움을 불러오는 냄새였다.

구석에 쌓인 먼지처럼 옛 추억이 자욱했다.

추억은 아직 상영 중

극장 안 곳곳에선 다양한 이벤트와 전시회가 열리고 있다. 뜻 있는 원주 시민단체들이 아카데미극장을 보존하고 향후 활용하기 위한 취지로 기획한 행사들이다. 영화와 관련된 오래된 기자재들이 유독 눈길을 끈다. 1층 로비에 설치된 옛 영사기에는 아직도 그 시절의 필름이 감겨져 있다. 지금이라도 필름을 돌리면 세월은 단박에 수십 년 전으로 되감길 것만 같다. 매표소의 풍경 또한 예전 그대로다. 붉은 글씨로 쓰인 '미성년자 관람불가' 팻말이며 영화표에 찍어 주던 때 묻은 도장이며 낡은 전화기가 깊은 잠에 빠진 듯 놓여 있다.

2층을 거쳐 3층의 영사실로 올라가 본다. 그 시절에도 영사실 내부가 늘 궁금했지만, 한번도 본 적 없는 곳이다. 녹이 슬어 금방이라도 부서질 것 같은 철제 계단을 밟고 조심스럽게 올라간다. 두어 평 남짓한 영사실은 1963년 이래 60년의 시간이 고스란히 고여 있다. 비밀스런 공간이었다. 스크린을 향해 뚫린 작은 창틀이 낡을 대로 낡았다. 이 창을 통해 영사기가 쏘는 빛줄기가 스크린에 맺힐 때, 저 아래 객석에서 넋을 놓고 영화를 보곤 했던 내 어린 시절이 내려다보였다.

벽면에는 하얗게 색이 바랜 영화 포스터 몇 장이 펄럭인다. 자세히 들여다보니 〈카사블랑카〉와 〈닥터 지바고〉 같은 영화다. 잊혀진 명화의 추억처럼 귀퉁이가 떨어진 채 간신히 붙어 있다. 2006년 4월에 멈춰 있는 달력 위로 칠판으로 된 월중 행사표가 걸려 있다. 다 지워진 분필 글씨 속에서 3월 24일 칸에 〈로망스〉라는 글자가 흐릿하게 남아 있다. 아마도 마지막 상영작이었을까. 마지막 영화를 틀어놓고 영사기사는 영영 이곳을 떠났을까. 낡고 오래된 점퍼 하나가 아직 옷걸이

비밀스러운 영사실 내부 벽에 걸린 포스터에서 60년의 색바랜 세월이 펄럭거린다. 조그만 창문을 통해 쏘던 빛줄기가 스크린에 맺힐 때, 나는 이곳에서 가장 행복한 유년 시절을 보냈다.

에 걸려 있다.

되돌아 나와 텅 빈 극장 안에 가만히 앉아 본다. 스크린에서는 찰리 채플린의 무성영화가 돌아가고 있다. 영화가 끝나고도 나는 자리에서 일어날 줄 모른다. 잠시 눈을 감고 옛 생각에 잠기는 텅 빈 극장 안.

시네마 키드의 추억

주머니에 돈만 생기면 극장으로 달려가던 시절이 있었다. 지금도 기억에 또렷이 남는 건, 제임스 본드의 007시리즈와 이소룡의 무술영화였다. 사춘기에 막 접어든 소년에게 이국적인 화면과 화려한 액션은 참기 힘든 유혹이자 매혹이었다. 홍콩무협 왕우의 외팔이 시리즈에도 열광했다. 〈돌아온 외팔이〉, 〈의리의 외팔이〉, 〈신 외팔이〉 등 외팔이 시리즈는 밑도 끝도 없었다. 한 팔로 휘두르는 정의의 검 앞에 악당들이 추풍낙엽처럼 쓰러지면, 손뼉을 치며 환호성을 지르곤 했다.

설날이나 추석 같은 명절이면 극장 주변은 늘 북새통이었다. 극장 앞에 만국기가 내걸리고 매표소 주변에는 표를 사려는 사람들이 구름떼처럼 모여들었다. '만원사례' 팻말이 나붙고 극장 안은 발 디딜 틈조차 없이 관객들로 가득 들어차곤 했다. 아직 어린 나이였던 나는 어른들 틈에 끼여 아무리 까치발을 들어도 화면을 볼 수 없었다. 박진감 넘치는 소리는 들리는 데 화면은 볼 수 없었던 심정은 지금도 어제의 일처럼 생생하게 안타깝다.

영화 보는 도중 정전으로 화면이 갑자기 꺼지는 순간도 있었다. 그럴 때면 으레 여기저기서 에이! 하는 탄식과 함께 휘파람 소리가 터져 나왔다. 그러나 계속 이어질 이야기가 궁금해 기다리는 시간조차 설레고 달콤하기까지 했다. 달콤하고 맛있는 추억은 또 있다. 그 시절에는 영화 상영 중에도 매점판매원이 극장 안을 돌아다녔다. 그가 목에 걸고 다니던 나무상자 안에는 간단한 군것질거리가 오종종했다. "땅콩이나 오징어"를 나지막이 속삭이며 비좁은 객석 사이를 헤집고 다녀도 누구 하나 불평하지 않았다. 오히려 그가 지나가며 풍겨내던 고소한 냄새는 이젠 세상에서 가장 맛있는 추억이 되었다.

원주 중학교 시절, 시험이 끝나면 단체로 영화 관람을 하는 날도 있었다. 국책영화인 반공영화도 있었지만, 〈벤허〉나 〈쿼바디스〉 같은 명화를 보았던 기억이 난다. 극장 앞에 길게 줄을 서서 기다리는 동안 기대와 흥분으로 들떴던 마음은 언제나 푸른 하늘 같았다.

혼자서 몰래 영화를 보기도 했다. 미성년자 관람 불가 영화였다. 적발되면 정학과 같은 무거운 처벌을 받았던 시절,

매표소(위)와 요금표(아래) 푼돈을 모아 조그맣게 뚫린 유리문 안으로 들이밀면, 표 파는 누나의 하얀 손이 쓰윽 표를 내어주던 매표소. 극장 요금 1500원 하던 시절이 언제였던가. 일반과 군경의 요금이 다르던 시절을 기억하는 이들은 이제 많지 않다.

뒤에서 누군가가 뒷덜미를 낚아챌 것 같아 영화 보는 내내 식은땀이 났다. 처벌을 무릅쓰고라도 보고 싶은 영화가 어떤 영화였는지 지금은 기억조차 없다. 하지만 사복으로 갈아입고 극장 안을 들어서던 그 시절을 떠올리면, 두근거리던 심장 소리가 지금도 양쪽 가슴에 남아 방망이질하듯 뛴다.

대개 영화가 끝나고 극장 문을 나서면 눈이 부셨다. 폭포처럼 쏟아지던 대낮의 그 환한 햇빛. 눈을 못 뜨고 한참을 서성거릴 때, 아찔한 현기증이 일었다. 어둠에서 빛 속으로, 판타지에서 일상으로 그리고 허구에서 현실로 돌아오는 데 착란과 혼돈 같은 시간이 잠시 스쳐 가곤 했다. 그사이 알 수 없는 미량의 우울과 소량의 슬픔이 짧게 다녀가기도 했다. 영화는 순간이었고 이야기는 허무맹랑했으나, 또다시 매표소에 용돈을 탈탈 털어 들이밀던 소년 시절, 아카데미극장은 나에게 꿈의 공장이었다.

시네마 로드의 전성시대

원주에는 아카데미극장 외에도 극장이 네 개가 더 있었다. 최초의 극장인 원주극장이 문을 연 것이 1945년이니 원주에서 극장의 역사는 매우 오래된 셈이다. 원주극장은 1952년에 화재로 전소되기는 했으나, 1957년 지금의 중앙동 우체국 자리에서 재개관했다.

　원주에는 다른 지역에서는 볼 수 없는 독특한 극장이 하나 생겨나기도 했다. 1956년에 개관한 '군인극장'이란 이름의 극장이다. 원주가 군사도시였던 까닭이다. 이곳에 주둔하고 있던 군인들에게 영화를 통해 여가문화와 오락을 제공하는 게 목적이었지만 일반인들도 얼마든지 입장할 수 있었다. 군인극장은 지금의 원주시 보건소 자리에 있었는데, 1996년에 일찍이 철거되었다.

　1962년에 문을 연 시공관에 이어 다음 해인 1963년엔 아카데미극장이, 1969년엔 문화극장이 연이어 개관했다. 문화극장은 원주에서 가장 규모가 큰 극장이었다. 1960년대에 이미 극장 문화의 전성시대가 활짝 열린 것이다. 다섯 개의 극장 중에 군인극장을 제외한 나머지 극장은 지금은 평원로로 불리는 C도로 1km 이내에 모여 있었다. 그래서 원주 시민들은 C도로를 '시네마 로드'라고 부르기도 했다. 어느 지역이나 마찬가지였겠지만 원주 역시 TV가 본격적으로 보급되기 전까지 극장은 시민들이 새로운 문화를 누리고 오락을 즐길 수 있는 유일한 장소였다.

　1960, 70년대부터 크게 번성했던 원주의 영화산업은 2000년 중반에 들어서면서 변화하기 시작했다. TV와 컴퓨

터 등 영상매체가 크게 보급된 탓도 있지만, 대기업 자본을 바탕으로 하는 멀티플렉스 상영관이 원주에도 상륙했기 때문이다. 단구동에 일곱 개 관을 갖춘 롯데시네마가 처음 들어온 게 2005년 봄의 일이다. 이때부터 아카데미를 비롯한 단관극장들은 관객을 빼앗기며 쇠락의 길을 걷기 시작했다. 1년을 채 버티지 못하고 2006년 4월, 네 개의 극장이 약속이나 한 듯 동시에 문을 닫았다. 원주에서 40여 년간 이어오던 아날로그 단관극장 시대가 막을 내린 것이다.

문을 닫은 극장들은 차례대로 철거되기 시작했다. 2008년과 2009년 사이 원주극장과 시공관이, 2015년에는 문화극장이 흔적도 없이 사라졌다. 아카데미극장도 그동안 여러 차례 철거 위기가 있었다. 그러나 속절없이 사라지는 옛 극장들을 지켜보면서 아카데미만은 보존해야 한다는 시민사회의 목소리가 2016년부터 분출하기 시작했다. 그 중심에 원주영상미디어센터와 원주도시재생연구회 같은 단체가 있었다.

'안녕, 아카데미'

아카데미극장은 이제 원주에 남은 유일한 아날로그 단관극장이다. 1963년 개관 이래 2006년 폐관할 때까지 40여 년 동안 수많은 사람들의 이야기와 추억이 서려 있는 장소다. 우리 모두의 추억의 공공재이자 기억 유산일 것이다. 또한 1960년대 극장 건물은 전국에서도 흔치 않아 근대 문화유산으로도 훌륭한 가치가 있다고 한다. 아카데미극장을 보존하자는 운동은 2015년 문화극장이 철거되면서 본격적으로 시작되었다. 2016년 7월 7일 원주포럼이 '아카데미 보전을 통한 원도심 활성화를 모색하다'라는 주제로 개최한 행사가 첫 신호탄이 되었다.

원주도시재생연구회와 원주영상미디어센터는 2016년 7월부터 2017년 2월까지 세 차례에 걸쳐 '아카데미로의 초대'라는 행사를 개최했다. 아카데미극장 맞은편 야외에서 고전영화를 상영하고, 아카데미극장에 얽힌 추억으로 토크 콘서트를 열었다. 시민 1,200명을 대상으로 설문조사를 진행했는데, 응답자의 88%가 아카데미극장 보존에 찬성한다는 결과를 얻기도 했다. 2017년 9월에는 원주역사박물관에서 '먼지 쌓인 극장에 불을 켜다'라는 제목의 행사를 열었다. 그동안 철거된 극장에서 수집한 물품들을 전시하고 극장에 얽힌 추억들을 공유하며 아카데미를 보존하려는 시민사회의 노력에 힘을 보탰다.

이후에도 아카데미를 살리기 위한 다양한 형식의 행사는 물론 다큐나 영화와 같은 영상물이 제작되기도 했다. 그리고

아카데미극장 전경(위)과 상영관 내부(아래) 1963년 개관 이후 2006년 폐관되었지만, 아직 그 자리를 지키고 있는 아카데미극장. 원주에 남아 있는 유일한 아날로그 단관극장이다. 수많은 원주 시민의 추억이 묻혀 있는 '기억 유산'을 보존하기 위해 오늘도 시민사회 단체의 '아카데미 구하기' 노력은 계속되고 있다.

2020년 여름과 가을, 뜻있는 단체와 시민들이 힘을 합쳐 다시 한번 '안녕, 아카데미'를 외쳤다. 아카데미극장 재생시범 사업의 일환이었다. '안녕, 아카데미'는 '굿바이 아카데미'가 아닌 '헬로우 아카데미'다. 아카데미극장의 보존은 오래된 건물 한 채를 보호하는 단순한 복고와 낭만의 문제가 아니다.

그동안 도심가 극장들의 연이은 폐관은 구도심 원주의 공동화 현상을 지속적으로 초래했다. 도심의 공동화는 지역경제의 침체뿐 아니라 도시 활력의 쇠퇴로도 이어진다. 아카데미의 보존과 활용은 도시재생 사업과도 깊이 연관되어 있는 문제다. 도시 활성화를 위한 핵심 콘텐츠가 될 전망이다.

다시 시민의 품으로

원주시는 아카데미극장을 보존하기 위해 지난 2019년, 2020년 문화재청의 '근대 역사문화 공간 재생활성화 공모 사업'에 신청서를 제출했다. 결과는 아쉽게도 연이은 탈락이었다. 공모 사업에 떨어지면서 아카데미극장은 곧 철거될 위기를 맞기도 했다. 하지만 극장을 살리겠다는 시민사회의 노력은 '원주 아카데미극장 보존추진위원회' 결성으로 이어져 시민 모금 활동을 하기에 이르렀다. 극장 매입비용의 일부라도 시민 힘으로 마련해 보자는 취지였다. '100인 100석' 프로젝트와

'아카데미 3650' 프로젝트에 시민들이 뜨겁게 호응했고 십시일반으로 힘을 합쳤다. 뿐만 아니라 한국독립영화협회 · 한국영상위원회 등 전국 54개 영화문화 단체가 아카데미극장 보존을 지지하는 성명을 발표하기도 했다. 아카데미극장을 지키겠다는 시민사회의 목소리는 지금 이 시간에도 계속되고 있다. 원주 시민들의 '아카데미 구하기' 노력이 마침내 결실을 거두기 바라는 마음 간절하다.

극장이 보존된다면 미래의 아카데미는 꼭 극장이 아니어도 괜찮을 것이다. 시민들이 편안하게 만나고 즐기면서 옛 추억을 소환하는 장소여도 좋을 것이다. 젊은 예술가나 청년 창업자의 작업 공간이 들어서고, 새로운 문화 상상력을 키우는 개성적인 아트센터나 독립서점이 되어도 좋겠다. 오래된 공간에서 앞길을 열어 나가는 미래 세대의 꿈의 장소로 재탄생했으면 더 바랄 나위 없겠다. 마치 소년 시절의 나에게 그곳이 꿈의 공장이 되어 주었듯 말이다.

부기(附記); 위의 글은 2021년 무렵 쓴 글로 당시의 상황을 반영한다. 아카데미극장은 2023년 11월 현재 철거작업 중이므로 곧 사라질 예정이다. 그러나 원주의 오래된 문화유산이자 원주 시민 공동의 추억 유산이므로 여기에 기록으로 남겨 기억하고자 한다.

10

강원감영
500년의 시간여행

초등학교 시절 지금의 원일로는 나에겐 익숙한 길이었다. 원동성당을 지나 시내 쪽으로 가다 보면 왼쪽에 옛 건물 한 채가 있었다. 2층 누각의 낡고 오래된 건물이 신기했다. 지나다닐 때마다 호기심 어린 눈길로 바라보곤 했다. '원성군청'이라는 간판이 걸려 있을 뿐, 누구도 옛 건물의 내력에 대해 말해 주지 않았다. 돌이켜 생각하니 지금의 원주가 원주시와 원성군으로 분리되어 있던 1970년대 원성군청이 들어서 있던 장소였다.

이곳이 강원감영이었다는 사실을 알게 된 건 많은 시간이 지난 후였다. 지금의 강원감영은 원주 시민의 편안한 휴식과 산책의 공간이 되었다. 구도심 한복판에 있으면서도 안으로 들어가면 마치 산사에 온 듯 고요하고 조용하다. 해가 저물고 야간 조명이 켜지면 은은한 불빛에 경내는 휘황한 분위기에 휩싸인다. 밤과 낮이 모두 한적하고 아름다운 이곳, 강원감영은 원주가 유서 깊은 도시임을 알려주는 대표적 장소 중의 한 곳이다.

강원도의 수부 도시

'감영'이란 조선시대에 관찰사가 직무를 보던 관청이다. 지금의 도청과 같으며 관찰사는 도지사에 해당한다. 원주는 1395년(태조 4)부터 1895년(고종 32)까지 500년 동안 강원도의 지방행정을 총괄하던 감영이 있었던 곳이다. 말하자면 강원도의 수부(首府) 도시였다.

500년이란 긴 시간 동안 원주에 감영을 두었던 이유가 있었을 것이다. 우선 원주는 육로와 함께 남한강 물길을 통해 한양과 바로 연결될 수 있는 편리한 지리적 위치에 있었다. 또한 인구가 많고 면적이 넓었기 때문에 강원도 각지에서 생산되는 물산의 집산지 역할을 톡톡히 했다. 지금의 부론면인 남한강변에 있었던 흥원창이란 조창이 말해 주듯 징수한 세곡을 편리한 수로를 이용해 한양으로 운송하는 데 매우 유리한 조건을 갖추고 있었다.

강원감영 500년의 시간 동안 관찰사를 거쳐 간 인물이 500여 명에 이른다고 한다. 그중에 몇몇은 우리에게 익숙한 인물이다. 조선시대 청백리의 상징으로 알려진 황희와 「관동별곡」으로 유명한 송강 정철 그리고 신희만 같은 인물이 강원도 관찰사로서 원주 땅을 밟았다.

옛 감영의 위용과 쇠락

당시 원주는 정치, 경제적으로 번성한 도시였으니, 감영의 규모 또한 작지 않았을 것이 분명하다. 지금 우리가 보는 감영은 극히 일부일 뿐이다. 전해 오는 기록에 따르면 엄청난 규모를 자랑하던 시절이 있었다. 1795년(정조 19) 편찬된 『여지도서』에 의하면 모두 27동에 505칸 규모였다. 또 1830년(순조 30)에 편찬된 『관동지』의 「강원감영도」에는 41동의 건물이 그려져 있다. 1875년(고종 12)에는 53동의 관아 건물이 있었다고 하니, 한때 화려하고 웅장했던 감영의 위용을 짐작해 볼 수 있다. 지금의 원인동, 일산동 일대는 대규모 행정 타운으로 강원도의 정치와 경제, 문화의 중심지가 되었을 것이다.

하지만 1895년에 이르러 조선의 행정구역인 8도 제도가 23부제로 개편되면서 원주도 강원감영으로서의 기능을 잃게 되었다. 1900년 이후 감영은 원주의 지방군대인 진위대의 본부로 사용되었고, 일제강점기와 한국전쟁을 거치면서 대부분의 건물이 사라지는 아픔을 겪었다. 그 와중에 포정루와 선화당처럼 오래되고 아름다운 건물이 남아 있는 것은 퍽 다행스러운 일이다.

복원 사업과 감영의 재탄생

원주시는 강원 정도 600주년이 되는 1995년 '강원감영 사적공원 조성 기본계획'을 수립했다. 이후 2018년까지 무려 23년 동안 복원 사업을 통해 감영의 옛 모습 일부를 되찾았다. 2000년부터 시작된 본격적인 발굴 조사 결과 기존의 건물 외에 중삼문·내삼문·공방고·책방·행각 등 건물의 자취와 연못·담장·보도 등의 흔적을 찾아냈다.

강원감영의 발굴 복원 사업은 전국의 감영 중 처음으로 시행되는 사업이었다. 발굴 조사 결과 집터들이 비교적 잘 보존되어 있어 우리나라 관아 건물 연구에 중요한 유적이 된다고 한다. 그런 까닭에 2002년 3월, 강원감영은 대한민국 사적 제439호로 지정되었다.

발굴 조사를 토대로 가장 낡고 오래된 건물인 포정루와 선화당부터 보수공사를 시작했다. 한편 새롭게 발굴된 건물터에는 철저한 고증을 통해 대대적인 복원공사를 시행했다. 지금 우리가 보는 중삼문·내삼문·공방고·책방·행각 등이 모두 이때 복원된 건물들이다. 특히 옛 원주우체국이 있던 자리를 조사해 사라졌던 후원을 발굴하고 연못과 전각들을 복원한 일도 뜻깊다. 옛 감영의 아름다운 모습을 일부나마 되찾게 된 것이다.

2017년에 시행한 '강원감영 야간경관 개선 사업'은 감영을 한 차원 더 아름답게 꾸미는 계기가 되었다. 야간에 감상하는 감영의 모습은 대낮과는 또 다른 새로운 경험이다. 옛 건물이 은은한 조명에 물들 때, 잠들었던 500년의 시간이 켜진 듯 황홀한 순간을 맞이하게 된다. 이제부터 말끔하게 정비된 감영 안으로 500년의 시간여행을 떠나보자.

옛 정취 가득한 포정루

현재의 강원감영은 구조와 기능에 따라 크게 세 권역으로 나누어진다. 첫째는 진입 공간이고 둘째는 집무 공간이며 셋째는 후원 공간이다. 진입 공간은 정문에 해당하는 포정루와 함께 중삼문과 내삼문이 여기에 포함된다. 진입 공간에서 가장 중심이 되는 건물은 물론 포정루(布政樓)다.

강원도에 부임한 관찰사가 어진 정치를 베푼다는 뜻의 포정루는 매우 유서 깊은 건물이다. 1592년(선조 25)에 건립된 이후 임진왜란 때 불탔다가 1634년(인조 12)에 복원되었다. 400년 가까운 세월의 흔적이 2층 누각 곳곳에 배어 있다. 가만히 바라보면 옛 정취가 물씬 풍긴다. 겹처마 팔작지붕의 곡선은 어느 방향에서 보아도 날아갈 듯 우아하다. 초등학교 시절, 내가 그 앞을 지나다닐 때마다 호기심 어린 눈으로 바라보았던 바로 그 건물이다. 포정루는 오늘도 그 자리에서 원일로를 무심히 굽어보고 있다.

포정루 2층 누각으로 감영으로 들어가는 첫 관문이다. 구도심 대로변을 오랜 세월 지키고 있는 저 자태는 조선시대 원주의 위상을 알려주는 상징이다.

포정루로 들어가면 중삼문과 내삼문을 차례로 만난다. 두 건물은 새로 복원된 건물이다. 옛적에는 여기에서 감영을 방문한 목적과 신분을 밝혀야 했다고 한다. 그 당시에도 고위직 관료를 만난다는 게 쉬운 일이 아니었던 것 같다. 내삼문을 지나야 비로소 관찰사의 집무 공간으로 들어설 수 있다. 눈길을 끄는 건 내삼문에 걸려 있는 현판의 글씨다. '징청문(澄淸門)'이란 서체가 맑고 또렷하다. 이곳을 출입하는 방문객뿐만 아니라 관찰사를 비롯한 모든 관원들이 맑고 깨끗한 몸과 마음을 지녀야 한다는 뜻이리라. 정사를 돌봄에 공명정대하고자 했던 옛 감영의 정신을 보는 듯하다.

선화당의 웅장함과 아름다움

내삼문을 막 통과하면 정면으로 커다란 건물이 시야에 꽉 들어찬다. 첫눈에 보기에 근엄하고 웅장하다. 기단이 높아 옛 관청의 위용이 느껴진다. 바로 관찰사의 집무실인 선화당이다. 정면 7칸 측면 2칸 규모의 선화당은 강원감영의 랜드마크인 셈이다. 선화당(宣化堂)의 '선화'란 '임금의 덕을 선양하고 백성을 교화한다'는 뜻이다.

지금의 선화당은 1665년(현종 6) 이만영 관찰사가 건립한 것으로 전해지고 있다. 우리나라에서 가장 오래된 감영 건물이자 규모 또한 가장 크다. 뿐만 아니라 지금까지 원형이 잘 보존돼 옛 감영의 건축 양식을 살펴볼 수 있는 소중한 사적지다. 이런 이유로 문화재청은 2021년 12월, 강원감영 선화당을 국가문화재인 보물(2157호)로 지정했다.

우물마루를 깐 집무실 바닥은 예스럽고 천장은 높다. 앞뒤로 모든 문을 활짝 열어 놓으면 사방으로 시원한 개방감이 일품이다. 이 자리에서 지난 500년 동안 강원도 각 지역의 행정 · 조세 · 농정 · 군사 · 민원 · 재판 등 일체의 업무가 이루어졌다고 생각하니, 그날의 풍경들을 상상하게 된다.

정책 결정을 최종적으로 내려야 했던 관찰사의 고뇌 어린 표정, 그런 상관을 보좌하고 조언해야 했던 측근 관료들의 긴장감이 팽팽하게 살아난다. 그리고 어디선가 찾아와 억울함을 호소하거나 민원이 해결되길 초조하게 기다리던 민초들의 주름진 얼굴도 어제의 일인 듯 선명하게 떠오른다.

선화당을 중심으로 왼쪽에는 내아가 자리 잡고 있고, 오른쪽에는 행각이 있다. 뒤쪽으로는 책방이 있다. 내아는 관찰사와 그의 가족이 거주하던 사적 생활공간이다. 행각은 대개 중심 건물의 옆에 세우는 보조 건물이다. 감영에서 근무하는 군인이나 일꾼들이 대기하거나 물품을 보관하는 창고로 사용하던 공간이었다.

선화당(보물 제2157호) 감영의 중심 건물로 관찰사가 업무를 보던 집무실이다. 정면에서 보는 선화당은 당당하고 위엄이 넘친다. 밖을 내다보며 호령하는 관찰사의 목소리가 당장이라도 들려올 것만 같다.

그러나 지금은 감영의 역사를 한눈에 살펴볼 수 있는 사료관으로 활용되고 있다. 지난 2000년 감영터를 발굴 조사하면서 출토된 유물들을 전시하고 있어 감영을 이해하는 데 큰 도움이 된다. 뒤쪽의 책방은 오늘날 도서실이나 자료실처럼 도서를 수집·보관했던 장소다. 강원도 각 지역에서 올라온 인구·세금·민원·소송과 관련된 각종 문서와 보고서도 여기에 보관했다고 한다.

풍류와 휴식을 위한 후원

선화당 뒤쪽의 후원은 관찰사의 사적 공간이다. 공무 중 잠시 휴식을 취하거나 찾아온 손님들과 환담 혹은 긴밀한 회의를 할 때 주로 이용했다. 그런가 하면 주연과 연회의 장소로도 활용했다고 한다. '일각문'이라는 조그만 문을 통해 후원에 들어서면 물이 찰랑거리는 연못과 그 사이에 섬처럼 떠 있는 전각들이 한눈에 들어온다.

한가한 정원 풍경이 지금까지의 딱딱하고 긴장되었던 감영 분위기를 순간 누그러뜨린다. 누구든지 사뭇 여유롭고 느슨한 풍류객의 마음이 된다. 후원에 조성된 전각들의 이름을

강원감영 내 후원 말끔하게 단장한 전각과 연못에 핀 연꽃이 아름답다.

가만히 들여다보면, 방문객은 풍류를 넘어 마치 신선이 된 듯 잠시 탈속의 분위기에 휩싸인다. 영주관 · 봉래각 · 채약오 · 조오정이라 새겨진 전각들의 이름에서 신비로운 도교와 신선의 냄새가 물씬 풍겨 나오기 때문이다. 도심 한가운데에 탈속과 신비의 분위기를 조성해 놓은 것이다.

후원의 연못과 건축물이 최근에 복원 사업을 통해 완성된 시설이라면, 이 후원의 진짜 주인은 담장 옆에 서 있는 고목 한 그루일 것이다. 1395년, 그러니까 이곳에 감영이 설치되던 그해 심은 것으로 추정되는 느티나무다. 수백 년의 긴 세월 동안 강원감영의 번영과 쇠락, 영광과 고난을 모두 지켜봐 왔을 나무를 천천히 쓰다듬어 본다. 켜켜이 쌓인 수백 년의 시간이 전류처럼 몸속으로 스민다.

후원은 해가 진 후 야간 조명이 켜질 때 가장 아름답다. 잠들었던 오랜 시간이 되살아난 듯 신비롭다. 낮은 담장을 사이에 두고 현대식 빌딩의 휘황한 네온사인과 서로 비추고 있는 풍경. 강원감영의 밤은 과거의 시간과 현재가 만나 밝힌 불빛으로 언제나 환하다.

아름다운 후원의 야경 전각과 연못을 복원한 후원의 분위기는 도심 속의 섬처럼 여유와 풍류가 넘친다. 해가 지고 불이 켜지면 이곳을 찾아 산책하는 원주 시민들이 자주 눈에 띈다. 은은한 불빛이 찾는 이의 지친 하루를 위로하듯 감싼다.

11

미로예술중앙시장
뉴트로의 핫플레이스

원주 원도심에는 유독 시장이 많다. 오랫동안 원주 시민의 먹거리는 물론 입을 거리, 볼거리, 즐길 거리의 터전이 되어 준 시장만 해도 다섯 개나 된다. 자유시장, 중원전통시장, 중앙시민 전통시장과 오일장인 민속풍물시장이 길 하나를 사이에 두고 이웃하고 있다. 그 중심에 60여 년의 역사를 자랑하는 중앙시장이 있다.

중앙시장은 1950년 이후 서던 읍내장이 1965년 중앙로에 자리 잡으면서 원주의 첫 상설시장이 되었다. 이후 원주 원도심 상권의 중심 역할을 해왔다. 중앙시장은 2015년 미로예술중앙시장으로 거듭 태어났다. 전통의 재래시장에 청년들의 발랄하고 창의적인 상점이 입주하면서 새로운 활력을 불어넣었다. 침체되던 분위기에 젊은 감각의 문화와 예술을 수혈하며 새로운 시장의 역사를 써 가는 중이다.

뒤늦은 후회

원주의 시장을 떠올릴 때마다, 나에겐 잊혀지지 않는 기억이 하나 있다. 자전거를 타고 놀기 좋아했던 초등학교 시절, 아이가 타기에는 좀 버거운 어른 자전거를 타고 돌아다니길 좋아했다. 안장이 높아 엉덩이를 실룩거리며 타다 보니 늘 위태위태했다. 그날은 자전거를 타고 좁은 시장길을 지나갔더랬다. 중앙시장이었다. 좁은 길을 따라 양쪽으로 늘어선 좌판들이 빼곡했다. 주로 할머니들이 쪼그리고 앉아 채소며 과일들을 길가에 내놓고 파는 풍경은 예나 지금이나 다르지 않다.

붐비는 길에서 속도를 줄이다 보니 자전거가 좌우로 크게 흔들리기 시작했다. 핸들이 비틀거리면서 '어어!' 하다가 그만 쪼그려 앉아 있는 할머니 한 분 쪽으로 넘어지며 덮쳐버린 것이다. 소꿉장난하듯 펼쳐 놓은 오종종한 푸성귀며 과일들이 순식간에 깨지고 흩어져 엉망이 되어버렸다. 할머니의 하루치 장사를 몽땅 망쳐 버린 것이다.

할머니가 다치지 않은 건 천만다행이었다. 할머니의 얼굴은 햇빛에 검게 그을리고 주름이 골짜기처럼 깊었다. 울상으로 일그러져 나를 바라보던 표정을 지금도 잊을 수가 없다. 몹시 혼나는 건 물론이고 물건값을 다 물어내야 할 판이었으나, 할머니는 아무 말이 없었다. 그저 낭패한 표정이 되어 그냥 어서 가보라고 힘없이 손짓하던 그 모습을 나는 지금도 또렷이 기억하고 있다.

아무리 철없는 나이였지만, 사과 한마디 하지도 않은 채 넘어진 자전거를 끌고 우물쭈물 도망치듯 빠져나온 일은 두고두고 후회를 남겼다.

재래시장과 젊은 감각의 만남

현재 2층 규모의 중앙시장은 1970년에 지은 철근콘크리트 건물이다. 50년 된 건물인 만큼 안팎이 심하게 노후화되었다. 1992년에 겪은 화재 이후 재건축이 논의되었으나 1998년 닥친 IMF로 이마저 무산되어 오늘에 이르고 있다. 2000년 이후엔 원주 신시가지에 대형 쇼핑센터와 마트가 속속 들어서면서 재래시장인 중앙시장은 상대적으로 위축되어 왔다. 더욱이 원도심의 공동화와 맞물려 침체될 즈음에 새로운 반전의 기회가 찾아왔다.

중앙시장 1층은 유동 인구가 많아 그런대로 장사가 잘 되었다고 한다. 하지만 2층은 사정이 전혀 달랐다. 가파른 계단으로 올라야 하는 2층은 텅 빈 채 오랫동안 방치되어 왔다. 낡은 건물에 어둡고 황폐한 곳을 어느 누구도 찾지 않았다. 지난 2010년쯤이었을까. 중앙시장 1층 식당에서 밥을 먹고 화장실을 물으니, 2층에 있다고 하길래 혼자 두리번거리며 올라간 적이 있다. 어둡고 음산한 분위기에 짓눌려 볼일을 보는 둥 마는 둥 허둥지둥 내려왔던 적이 있다.

바로 이 2층 건물에 새로운 바람이 불기 시작했다. 2015년에 중앙시장이 문화관광형 시장으로 선정되면서 다양한 청년 사업가들이 하나둘 둥지를 틀기 시작했다. 개성적인 창업 아이템으로 무장한 그들의 손길에서 예쁘고 매혹적인 창업 몰이 속속 들어선 것이다. 그러자 입소문이 나면서 외지의 젊은이들까지 일부러 찾아오는 시장이 되었다.

중앙시장 2층은 중앙광장을 중심으로 가, 나, 다, 라동으로 나뉜다. 그리고 각동은 복잡한 미로 같은 골목으로 연결되어 있다. 그래서 '미로예술중앙시장'이라고 부른다. 상가 전체가 복잡한 미로처럼 얽혀 있어 다니다 보면 길을 잃기 십상이다. 길 잃는 재미가 바로 미로예술중앙시장을 여행하는 재미다. 발길 닿는 대로 무작정 걷다 보면 막다른 골목에 막히고, 지나갔던 길로 다시 들어서기도 한다. 그때마다 옹기종기 들

새롭게 태어난 중앙시장 중앙시장의 겉모습은 낡고 오래된 재래시장의 분위기를 풍긴다. 하지만 2층으로 올라가면 미로 같은 골목에 80여 개의 점포가 저마다의 개성을 자랑하며 젊은 감각의 상품들이 즐비하다. 그래서 '미로예술중앙시장'이라고 불린다.

어선 가게들이 쉬었다 가라고 손짓하듯 우리를 반긴다. 현재 80여 점포가 골목마다 들어서서 방문객의 호기심을 끌어모으고 있다.

미로마다 꽃피는 핫플레이스

미로예술중앙시장은 소소한 볼거리들로 넘쳐난다. 곳곳에 귀여운 벽화와 아기자기한 소품들을 구경하느라 지루할 틈이 없다. 캔들과 드라이플라워 상점에선 화사한 빛이 새어 나오고, 이국적이고 신기한 장난감은 어른들을 위한 토이숍에 가득하다. 체험 공방에선 친구끼리 연인끼리 머리를 맞대고 비누며 향수며 도자기를 빚는다. 구경하다 다리가 아프면 소문난 맛집이나 아담한 카페에서 잠시 쉬어가면 된다. 65세 이상 어르신이라면 노인문화싸롱에서 커피를 마실 수 있다. 물론 무료다.

미로예술중앙시장은 젊고 새로운 감각으로 탈바꿈했지만 그렇다고 옛 모습을 모두 버린 건 아니다. 오래전부터 그 자리를 지켜온 맞춤 양복점과 금은 세공점 그리고 이름 짓고 사주보는 낡은 철학원 간판이 나란히 문을 열고 있다. 그래서 미로예술중앙시장은 새것과 옛것이 공존하고 조화를 이루는 뉴트로(newtro)의 분위기가 물씬 풍겨난다. 이곳은 단순히 물건을 팔고 사는 장소만이 아니다. 옛것과 새것이 어울리고, 상품 하나에도 문화와 예술의 숨결이 깃들어 있다. 기성세대와 청년세대가 공존하며 미래를 열어 가는, 작지만 아름다운 만남의 장소인 것이다. 미로예술중앙시장은 원주의 핫플레이스다.

하지만 미로예술중앙시장에 좋은 일만 있었던 것은 아니다. 불운하게도 지난 2019년 1월, 2층 나동에서 화재가 발생했다. 재래시장에서의 화재는 늘 치명적이다. 19곳 중 13곳이

164

골목 상점(위)과 캐릭터 상품(아래) 개성이 넘치는 상점마다 아기자기한 상품들이 가득해 구경하는 재미에 시간 가는 줄 모른다.

폐업하거나 이전했다고 한다. 다시 침체될 분위기가 드리워질 무렵, SBS TV 프로그램인 〈백종원의 골목식당〉이 미로예술중앙시장의 식당가를 찾았다. 그중의 한 곳이 '어머니 손칼국수'집이다. 화재로 모든 것을 잃고 나동에서 라동으로 임시이전해 온 집이었다. 여든을 바라보는 할머니의 칼국수 솜씨가 전파를 탔다. 지금도 주말이면 할머니의 손맛을 보기 위해 젊은이들이 줄을 선다. 여간 다행스러운 일이 아니다. 갈 때마다 줄이 너무 길어 나는 아직 할머니의 손칼국수를 먹어 보지 못했다.

자유시장의 멋과 맛

중앙시장과 도로 하나를 사이에 두고 마주 보고 있는 시장이 자유시장이다. 1960년대 미군부대에서 흘러나온 군수물자를 거래하는 난전이 하나둘 생기면서 자연스레 시장이 형성되었다고 한다. 그때부터 오늘까지 60년 가까운 전통을 이어오고 있다. 자유시장은 중앙시장과 더불어 원주에서 가장 유서 깊은 시장이다.

현재의 시장은 1987년 재건축한 주상복합형 건물이다. 지하 1층 지상 2층으로 된 시장은 안락하고 쾌적하다. 지상 1층에는 침구류와 각종 잡화점, 수입품 코너 등이 성업 중이다.

특히 많은 의류 수선점이 자리 잡고 있어서 색실을 끼운 채 박음질하는 재봉틀 소리가 정겹다. 아동복과 캐주얼복은 물론 숙녀복과 액세서리 등 여성토털 패션 상점이 빼곡한 2층은 원주의 멋쟁이들을 불러들인다.

하지만 자유시장의 진짜 매력은 지하 1층에 있다. 먹자골목이 있기 때문이다. 매일 직접 빚어 파는 손만두 가게는 소문난 지 오래된 집들이다. 칼국수와 수제비, 국밥과 떡볶이와 튀김집이 즐비하다. 몇몇 분식 코너와 돈까스 집은 주말이면 길게 줄을 서야 한다. 자유시장에서 돈가스는 꽤 유명해서 세상의 모든 돈가스 종류는 다 모여 있다. 왕돈가스, 오므돈가스, 쫄돈가스, 치즈김볶돈가스에 비빔국수돈가스까지 이름도

쫄돈가스 자유시장 먹자골목의 인기 메뉴 중 하나. 돈가스와 쫄면을 함께 맛볼 수 있다.

맛만큼 다양하다. 가족끼리 연인끼리 좁은 식탁에 머리를 맞대고 두툼한 고기를 썰 때, 돈가스 향과 넉넉한 인심이 풍겨내는 고소한 냄새가 지하에 가득 퍼지곤 한다.

이것만이 아니다. 먹자골목에는 유독 찻집이 많다. 파티션으로 칸막이를 둘러친 찻집이 수두룩하다. 쌍화차에서 생과일주스에 이르기까지 수십 가지 메뉴에 가격까지 저렴하다. 시장을 구경하다 지친 여행객이라면 걸음을 멈추고 자꾸 기웃거리게 된다. 옛날 다방 같은 분위기를 즐기며 잠시 쉬어가기 그만이다. 자유시장의 맛집은 지상으로도 이어진다.

지상 1층 동쪽으로 긴 골목이 있다. 중앙시장에 소고기골목이 있다면, 여기는 자유시장 내의 순대골목이다. 골목을 들어서면 커다란 솥에서 육수 끓는 하얀 연기가 자욱하다. 눈이라도 펄펄 내리는 겨울날, 따뜻하고 구수한 냄새가 진동하는 이 골목을 그냥 지나치기란 쉽지 않다.

원주에서 오래 산 시민이라면, 대개 자유시장 앞의 시계탑을 안다. 대표적인 약속 장소였다. 중학교 시절, 나도 자유시장 시계탑 앞에서 친구들을 만나거나 헤어지기도 했다. 오늘도 시계탑 주위는 여전히 분주하고 소란하다. 좌판을 사이에 두고 흥정하는 소리들이 시끌벅적하다.

오일장은 잔칫날

원주 민속풍물시장은 오일장이다. 매월 2와 7로 끝나는 날짜에 장이 선다. 1989년부터 장날이 열렸다고 하니, 벌써 30년이 넘는다. 장날이면 원주교와 봉평교 사이 평원로 일대가 몹시 붐빈다. 주말과 겹치기라도 하는 날엔 사람들로 넘쳐나기 일쑤다. 어깨가 부딪혀 앞으로 나아가기 힘들 지경이다. 사람들에게 떠밀려 가면서도 구경하는 재미에 피곤한 줄 모른다. 원주 오일장은 흥겨운 잔칫날이다.

골동품 가게 앞엔 "무엇이든 사고팝니다"란 문구가 붙어 있다. 만물상이 따로 없다. 아프리카 목각인형부터 엿장수 가위까지 없는 게 없다. 아프리카 인형은 낯선 나라 시장 풍경에 어리둥절한 표정이다. 짤각짤각 평생 목이 쉬었던 엿장수 가위는 이제야 제 생의 가락을 내려놓았다. 놋쇠 요강이 햇빛을 튕겨낼 때, 먼지 쌓인 LP판 표지에선 오래전 죽은 가수가 웃고 있다.

박달나무 도마는 달빛처럼 뽀얗고, 어제 캐낸 산 더덕의 향기가 골목을 따라 흘러간다. 만병통치약을 양손에 든 약장수가 침을 튀기고 있다. 순간, 옆에서 뻥! 소리가 터진다. 뻥튀기 기계의 둥근 아가리에서 튀밥이 웃음처럼 흩어지고 연기가 뭉게뭉게 고소하다.

흙 묻은 냉이와 홍당무가 3,000원에 팔리는 사이, 신기한 무채 칼에 쓸린 무채가 흰 눈처럼 수북이 쌓여 간다. 휴대용 라디오 좌판에선 송가인의 트로트가 한창 목을 꺾고 있는 중이다. 얼음 위에 가지런히 눕혀진 오징어와 동태는 푸른 동해를 닮아 싱싱한데, 난전의 옷가게에선 할머니 한 분이 분홍색 스웨터를 아까부터 만지작거린다.

여기저기 기웃거리다 보니, 어느새 배가 출출해진다. 이때 군침을 돌게 하는 건 끓는 기름에 치르르 소리를 내며 튀겨지는 통닭만이 아니다. 찹쌀호떡이며 녹두전이며 떡갈비가 지글지글 익는 냄새에 무엇을 먹어야 할지 잠시 고민에 빠진다. 방금 삶아낸 족발을 숭덩숭덩 썰어내는 청년 맞은편에는 추억의 과자들이 외할머니의 옛정처럼 펼쳐져 있다.

숯불을 피우고 석쇠에서 갓 구워낸 김구이는 원주 오일장의 으뜸 자랑거리다. 기름이 반지르르한 김 위에 뜨거운 흰밥한술 얹어 먹는 상상만으로도 원주 오일장은 푸짐하다. 라면 박스에 담겨 나온 주먹만 한 강아지는 아직 팔리지 않고, 온종일 배가 고픈지 낑낑대는 소리가 애처롭다.

12

간현 관광지
관광 원주의 새로운 얼굴

간현 관광지는 원주 시민의 오래된 휴식 공간이자 유원지다. 섬강과 삼산천이 만나는 유역에 자리 잡고 있다. 물길을 사이에 두고 소금산(343m)과 간현산(384m)이 둥글게 부풀어 있다. 강물은 부드러운 곡선이고 산들은 포근하고 아름답다. 강물에 비친 절벽은 높고 가파르다. 그러니까 간현 관광지는 강과 산과 절벽이 사이좋게 조화를 이루고 있는 모양새다. 강원도 관찰사로 부임한 송강 정철이 「관동별곡」에서 "섬강은 어듸메요, 티악이 여긔로다"라고 노래한 섬강이 바로 이곳이다. 치악산이 원주를 대표하는 산이라면, 섬강은 원주의 주류 하천 중 하나다.

이렇게 아름다운 곳이 원주의 새로운 관광 명소로 거듭나고 있다. 밤낮을 모두 즐길 수 있는 관광과 레저 시설이 속속 들어서고 있다.

간현을 적시는 두 개의 강물

섬강은 횡성과 평창 사이 태기산에서 발원해 원주를 지나가는 강이다. 부론면에서 남한강과 합수된 후 서쪽으로 방향을 틀어 한강 하구까지 흘러간다. 섬강은 남한강과 함께 원주를 적시는 대표적인 강이다.

섬강은 오래전에 '달강' 또는 '달래강'이라고 불렀다. 달강은 한자로 '월천(月川)'이라고 하는데, 월과 같은 뜻인 '섬(蟾)'자를 써서 섬강이 되었다. 『세종실록지리지』에도 이미 섬강(蟾江)이란 이름이 나온다. 한편 강변에 두꺼비 닮은 바위가 있어서 섬강으로 부른다고도 한다. 한자 '섬'을 '두꺼비 섬' 자로 읽은 것이다.

삼산천은 경기도 양평군 양동면 쪽에서 원주로 흘러드는 하천이다. 소금산과 간현산 사이 협곡을 깊이 파고들어 크게 휘어지며 흐른다. 물줄기 양쪽으로 펼쳐진 경관이 수려하다. 수십 미터 높이의 절벽이 병풍처럼 두르고 있다. 강물은 사계절 모두 맑고 푸르다. 햇빛이 쨍쨍하고 수면이 잔잔한 날이면, 산과 절벽이 거꾸로 비쳐 한 폭의 산수화를 그려낸다.

하지만 아름다운 강변 풍경 이면에는 늘 도사리고 있는 위험도 있었다. 어릴 적 간현은 혼자 갈 수 없는 멀고 위험한 곳이었다. 누군가 물에 빠져 죽었다는 소식을 한두 번쯤 들어야 여름이 지나가곤 했다. 물놀이 사고의 위험성은 예나 지금이나 간현이 안고 있는 아름다운 풍경의 그늘이다.

간현 관광지는 원주 시민의 휴식처로만 머물지 않았다. 오래전부터 외지인의 발걸음 또한 꾸준히 이어졌다. 특히 지난 1970, 80년대에 대학 시절을 보낸 사람들 중엔 간현을 추억하는 사람들이 적지 않다. 추억의 중심에 간현역이 있다. 외지인이 들어오는 관문이었다.

간현역과 레일바이크

지금은 모두 폐역이 되었지만, 중앙선이 지나가는 원주에는 많은 역들이 있었다. 그중에서 청량리발 기차가 원주에 들어서면 가장 먼저 정차하는 역이 간현역이었다. 1940년 중앙선 철로가 놓이면서 보통역으로 철도 업무를 시작한 간현역은 지난 2011년 폐역이 되었다. 지금은 2013년부터 폐선로를 활용해 운행하기 시작한 원주 레일바이크 매표소로 운영되고 있다. 붉은 벽돌로 된 아담한 역사는 1958년에 지어진 유서 깊은 건물이다.

폐역이 되기 전 간현역이 몹시 붐비던 시절이 있었다. 지난 1970년 이후 1990년대까지 수도권 대학생들에게 인기 있는 MT 장소 중의 한 곳이 간현 유원지였다. 특히 여름 휴가철이면 청량리역에서 출발한 젊은 청춘들이 간현역을 통해 유원지로 쏟아져 들어왔다. 밤이면 강변에 둘러앉아 모닥불을 피우고 기타를 치며 밤을 새웠던 장면은 7080세대들에겐 익숙한 추억 중의 하나다. 당시의 대학생들 덕분에 지역 상권이 번성 했던 시절을 기억하는 지역 주민들이 아직도 있다.

폐역이 된 간현역 지난 1970, 80년대 청춘들로 몹시 붐비던 역이었으나, 지금은 원주 레일바이크 매표소로 활용하고 있다.

간현역이 폐역이 되면서 잠시 쇠퇴하던 지역이 다시 살아난 건 레저시설인 레일바이크 덕분이다. 시대에 대한 고민과 낭만으로 흥청대던 예전의 대학생들 대신 이제는 주말이면 가족과 친구, 연인들의 밝은 표정이 오래된 간이역을 환하게 물들이고 있다. 원주 레일바이크는 간현역을 출발해서 판대역을 반환점으로 되돌아오는 왕복 15km의 철길을 달린다. 갈 때는 동화 속에 나올 것만 같은 풍경열차를 타고, 되돌아오는 길엔 레일바이크를 탄다. 한 구비를 돌거나 터널을 통과할 때마다 그림엽서 같은 풍경이 펼쳐진다. 간현역의 추억이 멈춘 철길을 레일바이크가 이어 달리고 있는 셈이다.

아찔아찔 출렁다리

소금산은 '소금강산'의 준말이다. 작은 금강산이라 불리는 데는 그럴 만한 이유가 있다. 산은 크지 않지만 풍광이 그만이다. 정상에 올라서 내려다보면 협곡 사이를 S자 형태로 크게 휘돌아 흐르는 삼산천 푸른 강물과 흰 모래밭 그리고 강변의 기암괴석이 한눈에 들어온다. 그동안 원주 시민의 휴식 공간으로 가족과 친구, 연인들끼리 두어 시간 산길을 걷기에 딱 좋은 산이었다.

그랬던 소금산이 외지인들에게도 크게 알려지기 시작한

건 2018년부터였다. 당시로서는 가장 길고 가장 높은 출렁다리가 소금산에 설치된 것이다. 2018년 1월 11일 11시에 개통된 소금산 출렁다리는 그해 200만 가까운 국내외 관광객을 불러 모으는 '대박'을 터뜨렸다. 단박에 유명 관광지로 알려지면서 현재는 뮤지엄 산과 함께 대한민국 100대 관광지에 매번 선정되고 있다.

간현, 아니 원주에 왔다면 소금산 출렁다리를 그냥 지나칠 수 없다. 까마득한 계곡이 훤히 내려다보이는 높이에서 출렁출렁 흔들리는 스릴을 포기할 수 없기 때문이다. 길이 200m, 높이 100m, 폭 1.5m의 출렁다리의 바닥은 격자형의 스틸그레이팅으로 특수 제작되어 밑이 훤히 내려다보인다. 아찔한 발걸음을 조심조심 디디며 중간에 이르면 또 다른 풍경이 보인다. 저 아래로 간현 유원지가 세세하게 펼쳐진다. 하지만 소금산 출렁다리는 간현의 즐길 거리 중 극히 일부일 뿐이다.

소금산 그랜드 밸리와 나오라쇼

지금 간현 관광지는 대규모로 변신 중이다. 2018년부터 추진된 간현 관광지 종합 관광개발 사업이 곧 완공을 앞두고 있다. 사업이 마무리되면 간현은 주야간 모두 즐길 수 있는 원주 관광의 새로운 핫플레이스로 거듭나게 된다.

원주의 명물 울렁다리(위)와 출렁다리(아래) 스카이 타워에서 내려다보는 간현은 산과 강이 어우러진 한 폭의 그림과 같다. 출렁다리보다 두 배 더 길고 높은 울렁다리의 개통으로 관광 원주는 새로운 전환점을 맞이하고 있다.

우선 '소금산 그랜드 밸리'로 명명된 주간여행 코스가 눈에 띈다. 기존의 소금산 출렁다리와 연계해 다양한 시설물이 들어섰다. 산책길은 '케이블카-소금산 출렁다리-하늘 정원-데크 산책로-소금 잔도-스카이 타워-소금산 울렁다리-산악 에스컬레이터'로 이어진다. 소금산을 한 바퀴 도는 환상적인 여행 코스다. 수직 절벽을 따라 걷는 잔도와 봉우리와 봉우리를 잇는 404m의 소금산 울렁다리는 출렁다리보다 더 스릴 넘친다. 케이블카와 산악 에스컬레이터를 제외한 모든 시설이 2022년 상반기에 완공되었다. 관현 관광지는 다시 한 번 외지의 여행객들을 불러 모을 태세다.

이제 간현 관광은 주간으로만 끝나지 않는다. 대낮에는 소금산을 중심으로 계곡과 하늘과 강의 풍광을 즐겼다면, 해 저문 밤에는 화려한 빛과 영상 그리고 음악으로 간현의 어둠을 향유할 수 있다. 간현의 야간 여행 코스는 나이트 오브 라이트(Night Of Light)의 준말인 '나오라쇼'로 이름 붙였다. '빛의 밤'이라는 이름에 걸맞게 빛과 영상을 활용한 다양한 볼거리가 여행객의 오감을 사로잡는다. 그중 눈에 확 띄는 곳이 미디어파사드와 음악분수다.

'미디어파사드(Media facade)'란 '미디어(media)'와 건축물의 외벽 중심을 가리키는 '파사드(facade)'가 합쳐진 말로, 건

소금산 그랜드 밸리 출렁다리(왼쪽)와 울렁다리(오른쪽) 사이로 흐르는 강물과 산세의 풍경이 시원하고 장쾌하다. '관광 원주'의 새로운 명소다.

물 외벽 등에 LED 조명이나 빔 프로젝터를 비춰 영상을 표현하는 방식을 말한다. 간현 관광지에 설치된 미디어파사드는 폭 250m 높이 70m에 달하는 자연 암벽을 스크린으로 삼는다. 국내 최대 규모의 미디어파사드라고 한다.

간현의 계곡에 어둠이 내리고 거대한 암벽에 빛을 쏘면 원주의 향토 설화인 '은혜 갚은 꿩' 이야기가 영상으로 펼쳐진다. 현란한 오색빛과 웅장한 사운드에 관객들은 연신 탄성을 내지른다. 이것뿐만이 아니다.

최고 높이 60m까지 치솟는 음악분수는 황홀하고 장엄하다. 음악에 맞춰 유연하게 휘어지는 물줄기와 시시각각 변하는 빛들의 향연은 간현의 밤을 현란한 꽃밭처럼 수놓는다. 눈과 귀를 사로잡았던 빛과 음악이 일시에 다 꺼진 후 계곡의 밤하늘을 문득 올려다보던 날, 캄캄한 밤하늘엔 수많은 별들이 반짝이고 있었다. 내 유년 시절 맑고 푸르던 간현의 추억에 첨단의 빛과 소리의 감동이 더해지는 순간이었다.

간현은 미래가 몹시 기대되는 장소다. 관광 원주의 핵심 거점으로 부상할 가능성이 커졌다. 1985년 정부로부터 최초 관광지로 선정된 이래 번성과 쇠퇴를 반복해 온 간현은 다시 도약할 전환점에 서 있다. 기성세대들에게는 젊은 시절 낭만과 추억의 장소로, 젊은 세대들에겐 그랜드 밸리와 나오라쇼로 기억되는 장소라면, 이후의 미래세대에겐 간현이 어떤 이미지로 새겨질까. 간현 관광지는 끝없이 변신을 시도하고 있다.

13

용소막성당
오래된 기도와 선종완 신부

용소막성당(강원도 유형문화재 제106호)은 그림 속에 있는 성당 같다. 외진 시골 마을을 배경으로 우뚝 솟은 서양식 건축물이 이채롭다. 붉은 벽돌과 좁고 뾰족한 첨탑은 이국적 분위기로 넘친다. 100년이 넘었으니 유서 또한 깊은 장소다.

용소막성당은 사계절 모두 좋지만, 특히 늦가을의 풍경이 아름답다. 150년 수령의 느티나무 다섯 그루가 성당 주변을 감싸듯 두르고 있다. 맑은 가을날 낙엽이 바람에 흩날리면, 성당은 깊은 침묵과 거룩한 분위기에 휩싸인다. 두 손이 저절로 모아지는 시간이다.

그래서였을까. 가을의 원주를 생각하면 나는 늘 용소막성당이 가장 먼저 떠오르곤 한다. 반계리 은행나무 단풍은 너무도 눈부셔 보는 이를 압도하지만, 오래된 성당의 느티나무 아래에 앉으면 저절로 눈이 감긴다. 감은 눈에 옅은 가을빛이 스미면 낙엽 지는 소리가 쓸쓸한 종소리처럼 들려오기도 한다.

박해와 시련의 시간

원주시 신림면 용암리 용소막 마을은 원주에서도 아주 외진 마을이다. 용소막이란 지명은 마을에 '용소(龍沼)'라는 큰 연못이 있어서 붙여진 이름이라고 한다. 이곳에 천주교가 전래된 건 1866년 병인박해 때로 거슬러 올라간다. 수원지역의 신자들이 박해를 피해 강원도 산간지역으로 숨어들었는데, 그중 일부가 용소막으로 이사하면서 교우촌이 형성되기 시작했다. 그러니까 용소막성당은 박해를 피해 온 신자들에 의해 세워진 성당인 셈이다.

몇 사람이 초가집에 모여 십자가 앞에 무릎을 꿇고 신앙고백을 한 것이 1898년. 용소막성당의 역사는 이렇게 시작되었다. 원주본당의 공소로 시작된 용소막성당은 횡성의 풍수원성당(1888)과 원주본당(1896)에 이어 강원도에서 세 번째로 세워진 성당이다. 초대 주임인 프와요 신부가 1904년 부임하면서 독립된 본당으로 승격되었다. 이때는 원주뿐만 아니라 평창·영월·제천·단양 등 다섯 개 군에 천여 명의 신자와 17개 공소를 관할할 만큼 교세가 커졌다.

초가집을 전전하던 성당이 지금의 건물을 짓게 된 건 3대 주임인 시잘레 신부가 부임하면서다. 1914년 부임한 시잘레 신부는 중국인 기술자를 고용해 지금의 성당을 짓기 시작했다. 여러모로 어려운 사업이었으나, 목재를 실어 나르고 진흙으로 벽돌을 구운 신자들의 자발적이고 헌신적인 노력이 큰 힘이 되었다. 이듬해인 1915년 가을 축성된 고딕 양식의 성당이 지금의 용소막성당이다. 100년이 훨씬 넘은 지금까지 그 아름다움에 세월의 두께를 더해 가고 있다.

긴 세월만큼 아름다운 성당에도 시련이 있었다. 일제강점기 전쟁에 광분한 일본은 성당의 쇠붙이란 쇠붙이는 다 걷어갔다. 총알과 대포를 만드느라 아침저녁으로 맑은 소리를 내던 종마저 뜯어 갔다. 한국전쟁 때는 인민군의 식량창고로 전락하기도 했다. 성모상이 총을 맞아 부서졌고 천장 곳곳에 총탄 자국이 낭자했다. 보관하던 사목 문서들이 불에 탔고 제구들이 사라졌다. 이런 고난의 세월에도 성당이 크게 손상되지 않고 지금까지 유지되어 왔으니 여간 다행스러운 일이 아니다.

고딕 양식의 아름다운 성당

용소막성당은 정면으로 마주 볼 때가 참 좋다. 정면 가운데에 돌출된 종탑이 유난히 좁고 높다. 시원하게 위로 뻗는 상승감이 아찔하게 날렵하다. 까맣게 올려다보이는 첨탑 꼭대기의 십자가는 하늘과 땅을 이어주는 메신저 같다. 십자가가 노을에 젖을 때는 이 땅의 고난과 슬픔이 하늘로 전해 지고, 맑은 하늘을 배경으로 십자가가 선명할 때는 하느님의 푸른 음성이 십자가를 타고 내려올 것만 같다.

성당의 세로로 긴 아치형 창문들은 몹시 이국적 정취를 풍긴다. 특히 전체적으로는 붉은 벽돌로 지었으면서도 기둥과 창문의 테두리는 회색 벽돌로 마감한 것이 눈에 띈다. 붉은색과 회색의 조화가 뚜렷해 장식적 효과가 두드러진다.

평화로운 마당과 성모 동산

용소막성당에는 성당만 있는 것이 아니다. 넓은 흙 마당에 부속 건물들이 넉넉하게 자리 잡고 있다. 일반인의 출입이 금지된 사제관은 높은 언덕에서 마당을 굽어보고 있다. 그 자세가 반듯하고 엄숙하다. 그 아래로 '두루의 집'과 성체조배실 그리고 피정의 집이 착한 백성의 집들처럼 평화롭다. 여기까지만 둘러보고 발길을 돌린다면, 용소막성당의 절반만 본 것이다.

100년이 넘은 용소막성당 1915년 축성된 고딕 양식은 언제나 이국적이고 거룩한 분위기를 풍긴다. 100년 세월이 켜켜이 쌓인 풍경이 고즈넉하고 아름답다.

피정의 집을 돌아서 뒷길로 오르면 용소막성당이 숨겨 놓은 아담한 숲길이 펼쳐진다. 바로 14처 십자가의 길과 성모 동산이다.

성모 동산을 둘레길처럼 걷는 길이 십자가의 길이다. 나무와 숲이 우거진 길에서 십자가를 짊어진 예수의 조각상이 순례객을 맞는다. 그래서 이 길은 묵상의 길이며 회개와 성찰의 길이다. 이 숲길은 사계절 내내 고요하다. 성모 동산에 오르면 세상의 끝인 듯 아무런 소음도 들리지 않는다. 햇볕 좋은 어느 해 가을날, 나는 성모상 곁에 앉아 천주교 신자도 아니면서 "바람은 하느님의 옷자락 같고, 햇빛은 그분의 표정을 닮았네"라고 혼자 중얼거리다가 내려온 적도 있다.

용소막성당에는 특별한 건물이 하나 있다. 입구에는 '선종완 라우렌시오 사제 유물관'이라고 쓰여 있고, 그의 동상이 서 있다. 선종완 신부는 용소막에서 태어난 사제다. 용소막성당 입구 왼쪽에는 선종완 신부가 태어난 생가터임을 알리는 표지석과 안내판이 서 있다. 그가 누구인지 궁금하다면, 유물관 안을 들어가 보면 안다.

성경 번역과 선종완 신부

용소막에서 태어난 선종완 신부(1915~1976)는 신학교를 졸

업한 후 1942년 사제 서품을 받았다. 동경 유학을 거쳐 성신대학교(지금의 가톨릭대)의 교수로 재직했는데, 평소 수도승 같은 자세와 청빈으로 살다간 사제였다고 한다. 지금도 많은 사람들이 그를 기억하고 기리는 데에는 그만한 까닭이 있다. 그는 평생 동안 성경(성서) 번역에 혼신의 힘을 기울인 성경 학자이다.

선종완 신부는 히브리어와 희랍어로 된 구약성경의 원문을 최초로 우리말로 번역했다. 1948년부터 1952년까지 이어진 로마와 예루살렘의 유학 경험은 그가 평생 성경을 연구하고 가르치고 번역할 수 있는 토대가 되었다. 유학에서 돌아와 1955년에 시작한 성경 번역은 1958년 『창세기』 출간으로 첫 결실을 보게 된다. 연이어 9권까지 번역 출간되었는데 천주교 역사상 처음 있는 일이었다고 한다.

제2차 바티칸공의회(1962~1965)는 선 신부의 성경 번역에 더욱 불을 댕기는 계기가 되었다. 바티칸공의회 정신에 따라 신·구교회 일치운동이 일어났는데, 한국 가톨릭교회는 운동의 일환으로 1968년 신·구교 합동으로 성서공동번역위원회를 구성하게 된다. 이때 가톨릭 측 전문 위원으로는 선 신부가, 개신교 측에서는 문익환 목사가 위촉되었다. 성경의 원문을 번역할 수 있는 능력, 즉 성경고고학·히브리어·희랍

성경 번역에 몰두 하고 있는 선종완 신부(왼쪽)와 문익환 목사(오른쪽) 선 신부는 한국 가톨릭교회 성경 번역의 선구자로 알려진 분이다.

어에 능통한 사람은 가톨릭 측에서는 선 신부가 유일했다고 한다.

　두 성직자를 중심으로 1968년부터 1977년까지 9년 동안 성경 공동번역 사업이 추진되었다. 그러나 번역을 거의 마칠 무렵인 1976년 7월, 선종완 신부는 간암 말기 판정을 받고 서울 성모병원에 입원하게 된다. 입원 중에도 원고 교정 작업에 혼신의 힘을 쏟았다. 선종하기 하루 전까지 손에서 원고를 놓지 않았다는 전언은 우리를 숙연하게 한다. 선종완 신부는 1976년 7월 11일 선종했다. 문익환 목사는 선 신부에 대해 이렇게 회고한 적이 있다.

"『신명기』 번역 독회 때의 일이었다. 선 신부님은 만족한 표정으로 '이제 하느님께서는 한국말을 제대로 하시게 되었군' 하시는 것이었다. 좋은 성서 번역 외에 바라는 것이 없는 사람, 선 신부님의 입에서 말고 그 누구의 입에서 이런 기막힌 말이 나올 수 있으랴. 이 말에 담겨 있는 그의 허심탄회하고 담담한 심정에 나는 겸손히 머리를 숙일 따름이었다."

성경의 원문을 우리말로 잘 번역하는 일은 우리말을 통해 하느님의 말씀을 듣는 일일 것이다. 한국말을 잘 하시는 하느님을 창조하는 일이다. 문 목사의 후일담은 선종완 신부가 성경 번역에 얼마나 소명 의식을 갖고 임했는지를 잘 보여주고 있다.

용소막성당 내의 선종완 신부 유물관은 그의 삶과 공적을 기리는 장소다. 그의 손때 묻은 유품과 서적들이 유리관에 전시되어 있다. 사제복과 미사 때 사용하던 제구들 그리고 낡은 타자기가 묵묵히 자리를 지키고 있다. 안경과 카메라는 물론 각국 성지에서 수집한 물품이 가지런하고, 강론집의 오래된 손 글씨가 낡은 노트 속에서 빼곡하다. 여러 개의 외국 대학교 졸업증서며 각국의 성경들이며 원고 뭉치들은 그가 평생 성경 번역에 헌신한 학자이자 사제였음을 새삼 깨닫게 한다. 육각형의 큰 책상은 주인이 잠시 자리를 비운 듯 선 신부의 체취가 아직 남아 있는 것 같다.

성당에서 내려오는 길, 그의 생가터를 다시 한 번 돌아본다. 잡풀이 우거진 빈터에도 봄빛이 자욱하다. 나비 한 마리가 봄풀 주위를 맴돌다 팔랑팔랑 날아간다. 가장 아름다운 우리말로 성경을 옮긴 필체를 닮은 듯싶었다. 용소막성당이 오래 기도하는 자세로 나비를 내려다보고 있다.

····· 더 보기 : ···
대안리 공소 : 100년이 넘은 한옥 성당

원주에는 용소막성당이나 원동성당 외에도 유서 깊은 공소가 있다. '공소(公所)'란 규모가 작아 주임신부가 상주하지 않고 정해진 시간에 순회하며 미사를 드리는 천주교 성전을 말한다. 흥업면 대안리 공소의 정확한 건립 시기는 알 수 없다.

다만 전해 오는 이야기에 따르면, 당시 조선 교구장이었던 프랑스인 뮈텔(1854~1933) 주교가 1910년 11월 축성식을 했다고 하니 적어도 100년이 넘는 곳이다. 현재의 공소는 2016년 공사를 통해 원형에 가깝게 복원된 모습이다.

대안리 공소는 아담한 한옥 성당이다. 마당에 들어서면 낡은 종탑과 오래된 느티나무 그리고 한복 입은 성모상이 인상적이다. 2004년 국가등록문화재 제140호로 지정되었다.

14

구룡사
새소리와 물소리, 종소리가 법문하는 고찰

예나 지금이나 원주 시내에서 41번 버스를 타고 학곡리 종점까지 가는 날이 많다. 종점은 구룡사다. 종점에서 내려 구룡교를 건너 세렴폭포까지 다녀오는 길, 왕복 6km는 내가 아는 한, 세상에서 가장 아름다운 산책길이다. 그리고 사색길이다. 도중에 꼭 들리게 되는 구룡사는 산책과 사색에 이어 침묵마저 익히고 오는 고요한 쉼터다. 구룡사를 다녀온 날은 몸과 마음이 가벼워져 한동안은 머릿속에서 맑은 종소리가 울려 퍼진다.

구룡사만큼 오래된 절도 흔치 않다. 세상의 오래된 유적과 흔적들이 그렇듯 구룡사 또한 풍부한 설화와 전설을 간직하고 있다. 세상에 전해 오는 많은 이야기들을 들었지만, 나는 구룡사와 관련된 설화와 전설만큼 재미있는 이야기는 듣지 못했다. 이야기는 흥미롭고 스케일은 호쾌하다.

장쾌한 창건 설화

설화에 따르면 구룡사의 역사는 신라시대까지 거슬러 올라간다. 신라 문무왕 6년인 666년에 의상대사가 창건한 사찰이라고 한다. 무려 1,300년이 넘으니 구룡사는 원주에서 가장 유서 깊은 절집이다. 오랜 역사만큼 전해 오는 설화 또한 재미있고 장쾌하다.

의상대사가 치악산을 지나가던 중 주변을 살펴보니 솟아오른 산봉우리와 계곡이 수려했다. 과연 절을 세우기에 딱 좋은 명당자리였다. 바로 지금의 구룡사터다. 그런데 절을 지을 곳에 커다란 연못이 있고 아홉 마리의 용들이 살고 있었다. 의상대사가 연못을 메우고 절을 지으려 하자 터전을 빼앗기게 된 용들이 대사에게 내기를 걸어왔다. 도술 시합을 해서 이기는 자의 뜻대로 하자는 것이었다. 대사는 흔쾌히 승낙했다.

용들이 먼저 하늘로 솟구쳐 올랐다. 오르는 순간 갑자기 천둥과 번개가 치더니 굵은 장대비가 쏟아지기 시작했다. 순식간에 계곡의 물이 차올라 산까지 모두 잠겨 버리고 말았다. 용들은 대사가 물에 빠져 죽었을 것이라고 믿고 흐뭇해하며 주위를 둘러보았다. 하지만 이게 어찌된 일인가. 물 위에 배가 한 척 둥둥 떠다니고 그 안에 대사가 누워 잠들어 있는 것이 아닌가.

이번에는 대사가 도술을 부릴 차례가 되었다. 대사는 부적을 한 장 그리더니 연못에 던져 넣었다. 순간 연못이 부글부글 끓어올랐다. 뜨거워진 연못 속에서 용들은 참지 못하고 날뛰기 시작했다. 마침내 놀란 용 여덟 마리가 연못에서 날아올라 동해 쪽으로 쫓기듯 달아나 버렸다. 도망가면서 절 앞의 동쪽 산을 치고 넘느라 산이 여덟 갈래로 찢어지고 말았다.

나머지 한 마리 용은 어떻게 되었을까. 눈이 멀어 함께 도망가지 못하고 용소에 숨어 살았다고 하는데, 그 용소가 지금 구룡사 근처에 있는 구룡소다. 용소에 숨어 살던 눈먼 용이 어느 날 거북이에게 동해까지 데려다 달라고 부탁했다. 거북이는 흔쾌히 승낙하고 용을 업고서 동해를 향해 출발했다. 거북이는 있는 힘을 다해 기었으나 온종일 5리밖에 못 가자 눈먼 용은 포기하고 말았다. 바로 그 자리에 폭포가 쏟아지고 있었는데 여기에서 고민을 맑게 씻고 깨달음을 얻은 끝에 마침내 하늘로 승천했다고 한다. 그곳이 바로 지금의 '세렴폭포(洗念瀑布)'다. 생각을 맑게 씻는 폭포라는 뜻을 지닌 세렴폭포의 이름은 여기에서 유래했다.

이렇게 해서 아홉 마리의 용을 모두 물리친 자리에 의상대사가 절을 세우고는 '구룡사(九龍寺)'라고 이름을 지었다. 그런데 현재의 절 이름은 '아홉 구'가 아닌 '거북 구'를 쓰는 구룡사(龜龍寺)다. 여기에는 또 다른 전설이 내려오고 있다.

거북바위의 전설

치악산에서는 원래 좋은 산나물이 많이 나왔다고 한다. 조선 시대에 접어들자 치악산 주변의 백성들은 나라의 세금을 산나물로 대신 바쳤는데 그 책임을 구룡사 스님들이 맡았다. 그러다 보니 백성들 중에는 산나물 가격을 후하게 받기 위해 스님들에게 뇌물을 바치는 자들이 있었다. 물욕에 눈이 멀어 몰래 뇌물을 받아먹는 스님들이 생겨나자 이에 실망한 신도들이 점차 발길을 끊었다. 절은 갈수록 쇠퇴하기 시작했다.

이 무렵 절을 지나가던 노스님이 절이 어려움을 겪는 것은 절 앞의 거북바위 기운 때문이니 거북바위를 쪼개야 한다고 일러 주었다. 이 말을 믿은 스님들이 나와 거북바위를 쪼개 버렸으나 어찌된 일인지 절은 계속해서 쇠락하기만 했다. 그러던 어느 날 또 한 노스님이 지나가다가 전혀 다른 말을 하는 것이었다. 거북바위가 이 절을 지켜줬는데 훼손하는 바람에 사세가 기울고 있다는 것이다. 주지 스님이 어떻게 하면 좋겠

구룡사 전경 사천왕문과 보광루와 대웅전이 일직선상에 놓이는 구조를 잘 보여주고 있다. 산비탈에 지은 전형적인 산지 가람이다.

냐고 물으니 죽은 거북바위를 살리는 뜻에서 절 이름을 아홉 구가 아닌 거북 구를 쓴 구룡사로 바꾸라고 일러주었다. 노스님의 말대로 이름을 바꾸자 사찰이 다시 크게 번성하며 지금까지 이어져 오고 있다는 것이다.

실제로 구룡사 앞에는 지금도 커다란 거북바위가 웅크리고 있다. 바위에는 누군가 썼는지 알 수 없는 '구룡동천(龜龍洞天)'이란 글씨가 희미하게 남아 있다. '동천'이란 산과 내로 둘러싸여 경치가 아름다운 곳을 말한다. 구룡사 일대는 동천이란 말 그대로 산과 계곡이 어우러져 사계절 풍경이 아름답다. 구룡사의 아름다운 풍경은 황장목 숲길에서부터 시작된다.

황장목 숲길, 구룡사의 첫 선물

매표소를 막 지나면 왼쪽에 보호 펜스에 둘러싸인 바위가 하나 있다. 가까이 다가가면 바위에 '황장금표(黃腸禁標)'라고 새긴 글씨가 또렷하게 보인다. 조선시대에 써 놓은 글씨로 '황장목의 벌채를 금지한다'는 일종의 경고문이다. '황장목'이란 우리나라 고유의 소나무 종으로 조선시대에 궁궐을 짓거나 임금의 관을 만들 때 쓰던 최고 품질의 소나무를 말한다. 목질이 단단하고 속이 황금빛이어서 붙여진 이름이다. 흔히 '금강소나무'라고 부르는데 이 명칭은 일제강점기 때 일본인들이 지은 이름이므로 원래 우리의 고유 이름인 황장목이라고 고쳐 부르는 것이 맞다.

강원과 경북 등 전국 60여 곳에서 황장목이 서식했는데 조선시대에는 백성들의 벌채를 엄격히 금지하기 위해 황장금표를 설치했다고 한다. 그런데 전국에 있던 황장금표라는 표식은 모두 사라지고 지금은 치악산 세 곳에만 남아 있다. 그중의 한 곳이 바로 구룡사 입구를 지키고 있어 오늘날까지 우리의 눈길을 끌고 있다. 구룡사로 들어가는 숲길에는 지금도 곧게 뻗은 황장목이 울창한 숲을 이루고 있다.

황장목 숲길을 걸으면 은은한 솔향에 온몸이 흠뻑 젖는다. 구룡사가 베푸는 첫 번째 선물이다. 솔향에 젖어 걷다 보면 만나게 되는 게 구룡사 원통문이다. 원통문은 양쪽에 기둥이 하나밖에 없다. 흩어지고 산만한 마음을 하나로 모으라는 뜻이니 일주문에 해당한다. 절집으로 들어서는 첫 관문이자 성과 속이 갈라지는 지점이다.

원통문을 지나 조금 더 들어가면 드디어 구룡사가 눈앞에 펼쳐진다. 사천왕문을 마주 보고 올려다보는 구룡사의 풍모는 보는 이를 압도한다. 대한불교조계종 제4교구본사 월정사의 말사이긴 하지만 규모가 당당하고 반듯하다. 2층 누각으로 조성된 사천왕문은 크고 화려하다. 악귀를 물리치고 불법을 수호하느라 사천왕들은 오늘도 험상궂은 표정이다.

으스스한 사천왕들을 통과하면 가파른 계단이 앞을 가로막고 있다. 구룡사만의 독특한 구조와 분위기가 지금부터 펼쳐진다. 구룡사는 산기슭에 들어선 전형적인 산지 가람이다. 계단을 밟고 위로 올라가야 중심 사역에 이른다.

구룡사의 명물 보광루

사천왕문을 지나 위로 올려다보게 되는 건물이 보광루(강원도 유형문화재 제145호)다. 이 건축물이 구룡사의 명물이다. 기록에 따르면 조선시대 숙종 32년인 1706년에 중건되었다고 하니 300년이 넘는 건축물이다. 이 유서 깊은 누각에 도달하기 위해서는 가파른 계단을 올라야 한다. 일주문-사천왕문-불이문으로 이어지는 일반적인 가람 배치를 생각할 때, 보광루는 불이문에 해당한다. 중심 사역으로 진입하는 마지막 관문인 셈이다. 그래서일까. 보광루를 올려다보고 있으면 마치 깨달음의 마지막 관문인 수미산 정상이 이와 같을 것이란 느낌이 든다.

보광루는 산비탈에 지어진 2층 누각이다. 자연석 위에 여섯 개의 기둥을 3열로 배치해 18개의 기둥이 누각을 떠받치고 있다. 기둥 또한 크게 다듬지 않은 자연목을 사용해 주춧돌인

사천왕문에서 올려다본 보광루 고풍스러운 누각을 물들인 단청이 섬세하고 곱다. '치악산 구룡사'라고 쓴 현판의 글씨와 잘 어울려 몹시 인상적이다.

자연석과 잘 어울린다. 보광루의 아래를 지나 계단 몇 개를 오르면 마침내 중심 사역인 대웅전과 마주 보게 된다. 깨달음의 세계에 이르기 위해 저 산 아래에서부터 차근차근 거쳐 온 문들이 마치 길고 고단한 수행의 과정을 보여주는 것만 같다.

보광루의 누상은 우물마루를 깔았으며 강당처럼 조성되어 있다. 전면 5칸 측면 2칸의 직사각형 형태로 전면에는 창을 내었다. 창밖을 내다보면 치악산 자락들이 액자 속의 그림처럼 아름답게 펼쳐진다. 보광루의 독특한 점이 또 하나 있다. 일반적으로 사찰들은 첫 관문인 일주문 위에 '○○산 ○○사'

형식의 현판을 단다. 그러나 구룡사는 일주문 격인 원통문이 아니라 보광루 처마 밑에 '치악산 구룡사'라는 현판이 걸려 있다. 사천왕문에서 올려다보이는 필체가 힘차고 듬직하다.

오래되고 아름다운 수장품

구룡사 대웅전은 조선 후기에 건립된 것으로 추정되는 건물이며, 특히 대웅전 안의 닫집이 몹시 화려하고 아름답다.

대웅전을 비스듬히 옆면에서 보고 있으면 겹처마의 팔작지붕이 날아갈 듯 우아하다. 대웅전 앞마당을 천천히 걸으면

구룡사의 대웅전 반듯하고 아담한 자세로 치악산을 마주 보고 있다. 희고 고운 흙 마당과 잘 어울려 천천히 걸으며 사색하기에 좋다.

언제나 마음이 고요해진다. 희고 고운 흙 마당 덕분이다. 정오쯤 높이 떠오른 해가 마당을 비추면 더욱 환하고 눈부시게 빛난다. 대웅전 앞으로 펼쳐진 치악산 자락의 초록빛과 조화를 이루는 순간이다. 이때 구룡사는 마치 초록 저고리에 흰색 치마를 받쳐 입은 여인처럼 고운 자태를 드러낸다.

구룡사의 숨은 아름다움은 새벽에도 은은하게 드러난다. 마음이 갈라져 먼지가 풀풀 날리는 날엔 나는 지금도 구룡사에서 하룻밤씩 묵곤 한다. 새벽녘 들려오는 계곡 물소리와 새소리에 귀기울이면 세상의 어떤 고단함도 견딜 만하다. 여기에 범종 소리가 울려오면 상처 입은 마음마저 깊이 위로받는다. 물소리와 새소리가 부처의 음성이라면 범종 소리는 다정한 위로의 법문 같다.

누군가 사는 일에 지쳤다면, 나는 그의 손을 잡고 새벽의 구룡사로 가고 싶다. 아름다운 법음과 법문이 지친 이의 몸과 마음을 천천히 어루만져 주기 때문이다. 구룡사에는 번듯한 국보나 보물은 없다. 대신 새벽의 물소리와 새소리 그리고 범종 소리가 이 절집이 간직하고 있는 아름답고 오래된 수장품이다.

15

성황림
신들이 사는 숲

치악산 남쪽 자락에 신림면 성남리가 있다. 산은 높고 골짜기
는 깊어 옛날에는 호랑이나 어슬렁거리고 다녔을 외진 마을이
다. 언제부터인지 알 수 없으나 마을 사람들은 치악산 산신을
마을의 수호신으로 받들었다. 신 앞에 엎드려 마을의 평화와
공동체의 안녕을 기원했다.

마을 숲으로 들어가 마을 신을 모실 당집을 짓고 당목을 키
웠다. 오랜 세월 숲은 우거지고 신성시되었다. 세상의 신들을
불러 모아 제사 지내고 인간의 슬픔과 소망을 하늘에 전했던
숲. 여기가 바로 신림면 성남리 성황림, 신들이 사는 숲이다.

사실 성황림은 원주에만 있는 것이 아니다. 지금도 전국

각지에는 마을 신을 모시는 성황당이 있고, 성황당이 있는 숲을 흔히 '성황림'이라고 부른다. 성황림은 일반명사다.

그런데 원주의 성황림이 오랜 민간신앙의 전통과 천연기념물로서의 독보적인 위치를 유지해 오면서 사정이 달라졌다. 성황림이라고 하면 으레 원주의 성황림만을 지칭하는 고유명사처럼 굳어졌다.

유서 깊은 마을, 신림면 성남리

성황림이 있는 신림면 성남리는 오랜 역사를 지닌 유서 깊은 마을이다. 『원주지명총람』에 따르면[12] '신림(神林)'이란 지명은 고려 성종11년(992)에 '신림역(神林驛)'이란 이름으로 등장한다. 천년이 훨씬 넘은 지명이다. 신림이란 '신들이 사는 숲' 또는 '신성이 깃든 숲'과 같은 뜻이니, 아주 오래전부터 이 지역을 신이 깃든 신성한 곳으로 여겨온 것이다.

'성남'이란 지명 또한 이곳이 오랜 역사를 지닌 땅이라는 것을 짐작하게 한다. 『삼국사기』「궁예열전」에 다음과 같은 말이 나온다.

---

[12] 김은철 편저, 『원주지명총람(중)』, 원주시, 2020.

"진성여왕 6년(892)에 궁예가 북원(원주)의 도적 양
길에게 의탁했다. 양길은 그를 잘 대우해서 일을 맡겼
다. 마침내 군사를 나누어주며 동쪽 지역을 빼앗도록
했다. 그는 치악산 석남사를 근거지로 삼아 주천·평
창·영월·울진 등의 현을 습격해 모두 정복했다."

삼국통일의 야망을 불태웠던 궁예가 한때 근거지로 삼았
던 곳이 바로 석남사다. 석남사는 오래전 사라졌지만, 지금의
신림면 성남리 절골 근처에 있었던 것으로 추정되는 옛절이
다. '성남'이라는 지명은 바로 '석남'의 발음이 변화해 후에 성
남이라고 불리게 되었다고 전한다. 이 전언이 사실이라면 성
남리는 역사적으로도 매우 유서 깊은 곳이 아닐 수 없다. 훗날
후고구려를 세웠던 궁예가 군사들을 이끌고 동쪽의 영월이나
평창으로 진출하자면 반드시 마을 입구를 지키는 숲을 지나갔
을 것이다. 그곳이 지금의 성황림이 아니었을까 싶다.

천연기념물 제93호

이렇게 오래된 숲, 성황림은 우리나라를 대표하는 마을숲 중
의 한 곳이다. 마을숲은 우연히 생겨난 산림이나 수림 같은 일
반적인 숲과는 다르다. '마을숲'이란 마을의 역사, 문화, 신앙

을 배경으로 마을 사람들에 의해서 인위적으로 조성되고 보호 유지되어 온 숲을 말한다. 오랜 세월 동안 토착민들의 생활에 깊이 스며 있고, 정신적으로 교감해 온 자연유산이자 문화유산이다.

성황림은 일제강점기인 1938년에 '조선보물명승천연기념물'로 지정되어 이미 그 가치를 인정받은 선례가 있다. 해방 후에도 그 학술적, 민속적 가치를 인정받아 1962년에 천연기념물 제93호로 재지정되어 오늘날까지 이르고 있다. 성황림을 천연기념물로 지정한 것은 성황림에 깃든 전통과 문화, 신앙이 원주라는 특정 지역을 넘어 국가적 차원의 보호와 보존이 필요했기 때문일 것이다. 실제로 성황림은 우리나라의 마을숲 중에서도 토착 민간신앙의 성격과 가치가 두드러진 곳으로 널리 알려져 있다.

예전의 성황림은 지금보다 훨씬 규모가 컸다. 일제강점기 시절에는 총면적이 31만 2,993㎡에 달했다. 마을 사람들은 현재 천연기념물로 지정된 성황림을 '윗당숲'이라 부르고, 윗당숲에서 남동쪽으로 500m 정도 떨어진 성남교 근처의 숲을 '아랫당숲'이라고 불렀다. 아랫당숲도 예전에는 천연기념물 제92호로 지정되었는데, 1972년 대홍수로 숲이 크게 훼손되는 바람에 이듬해에 천연기념물에서 보호 해제되고 말았다.

일 년에 두 번 열리는 비밀의 숲

현재의 성황림은 목책 울타리를 둘러치고 일반인의 출입을 금지하고 있다. 하지만 처음부터 성황림이 통제되었던 것은 아니다. 마을 사람들에 따르면 1990년 이전에는 누구나 자유롭게 다녔다고 한다. 사람들의 생활 속에 스며 있는 친근한 숲이었다. 초등학교 아이들에게는 소풍 가는 장소였고, 단옷날이면 소나무에 그네를 매어 놓고 타는 놀이 공간이었다. 그런가 하면 어른들은 개울에서 천렵을 했고, 여름이면 행락객이, 가을이면 단풍객이 몰려와 붐볐다.

마을 사람들에겐 숲속의 열매나 버섯 등 임산물을 채취할 수 있어서 생활에 보탬이 되기도 했고, 피부병이나 위장병이 있는 사람들은 숲속을 흐르는 냇물로 병을 고치기도 했다. 성황림은 오랜 세월 놀이와 휴식, 치유와 생활의 공간으로 마을 사람들과 희노애락을 함께했던 숲이다.

그러다 보니 숲의 일부가 훼손되는 건 어쩔 수 없는 일이었다. 특히 1970년에 시작된 새마을운동으로 숲 한가운데로 길을 넓혀 버스가 다니기까지 했다고 한다. 1980년대에는 당집마저 훼손되고 고목의 뿌리가 통째로 드러나는 등 숲의 보존에 심각한 문제가 드러나게 되었다. 이에 원주시가 마을 사람들과 의논을 거쳐 성황림 주변에 울타리를 둘러치고 출입을 막은 것이 1990년 초의 일이다.

그때부터 30여 년이 지난 지금, 자연이 스스로 복원하는 힘은 놀라웠다. 오늘날의 성황림은 울창한 숲으로 신비로운 옛 모습을 되찾았다. 일반인의 출입은 통제되었지만 성황림은 일 년에 딱 두 번 그 비밀의 문을 열어 주고 있다. 성황림 마을에서는 매년 음력 초파일인 4월 8일과 중양절인 9월 9일 성황림에서 성황제를 지낸다. 이날만큼은 일반인들도 비밀의 숲에 발을 들여놓는 호사를 누릴 수 있다.

성황림으로 들어가는 입구 평소에는 일반인의 출입이 금지되지만 일 년에 딱 두 번 문이 열린다. 비밀의 숲으로 통하는 관문이다.

신비로운 성황당 푸른 정령이 깃든 듯
엄숙한 분위기가 감돈다. 신의 영역임을
알리는 금줄이 인간의 접근을 막고 있다

마을의 안녕과 풍요를 기원하는 성황제

현재의 성황림은 성황당이 있는 평지숲과 반대편의 산지숲으로 나누어져 있다. 그 사이로 아스팔트 길이 뚫려 있다. 원래는 이어진 숲이었지만 큰길이 나면서 숲이 양쪽으로 갈라진 것이다. 우리가 탐방할 수 있는 숲은 성황당이 있는 평지숲이다. 반대쪽 산지숲은 여전히 출입이 금지된 상태다.

성황당 입구의 쪽문을 열고 들어가면 전혀 다른 세상이 펼쳐진다. 우거진 수목에서 신비로운 기운이 몸속으로 스민다. 수풀이 발목을 스치는 오솔길을 따라 걷는 발걸음이 조심스러워진다. 조금 걸어 들어가면 왼쪽으로 성황당이 보인다. 성황당은 지난 1992년 무렵 지은 것이라고 한다. 맞배지붕에 기와를 얹은 자태가 단정하고 엄숙하다. 돌로 쌓은 조촐한 계단 위에 올라앉아 있다. 주변보다 지대가 약간 높아 신단으로서의 위엄이 저절로 느껴진다.

성황당 앞쪽으로는 금줄이 둘러쳐져 있다. 여기가 신의 영역임을 알리는 표시다. 새끼로 꼰 금줄 사이에는 누군가가 한지에 소원을 적은 소원지가 끼워져 있다. 신에게 간절히 빌고 간 흔적이다. 금줄 밑으로 허리를 숙이고 신의 영역으로 들어가 본다. 밟고 올라가는 돌계단의 이끼에도 한참씩 시선이 머문다. 오래된 세월의 흔적이기 때문이다.

성황당의 문을 열어 보니 텅 빈 공간 안에 북쪽으로 제단이 설치되어 있다. 제단 한가운데 '상성황지신(上城隍之神)'이라고 쓰인 위패가 모셔져 있다. 매년 두 차례 마을의 제관들이 모여 제수를 차려 놓고 성황제를 올리는 장소다.

성황제는 마을 주민들만의 사적인 행사가 아니다. 이날만큼은 민과 관이 함께 참석하는 축제의 자리다. 모두 함께 모여 정성스러운 마음으로 마을의 안녕과 풍요를 성황신께 기원한다. 한지에 각자의 소망을 적어 불에 태우면서 소원이 이루어지길 빈다.

신과 인간 사이의 메신저, 신목

성황당 양쪽으로는 유독 눈에 띄는 나무 두 그루가 서 있다. 오른쪽의 전나무와 왼쪽의 엄나무다. 두 나무 모두 수령을 헤아리기 어려울 만큼 높고 거대하다. 전나무는 높이 30m가 훌쩍 넘고 가슴높이 직경의 굵기도 상당하다. 어른 서너 명이 양팔을 활짝 벌리고 서로 손을 맞잡아야 나무의 둘레를 감싸 안을 수 있다. 바로 성황림의 신목이다. 신목은 신과 인간 사이를 이어주는 메신저 역할을 한다. 치악산의 성황신이 이 나무를 타고 지상으로 내려오고, 인간의 기원은 이 나무를 타고 하늘로 전해진다. 성황림의 신목을 바라보고 있으면 자연스럽게 단군신화의 신단수를 떠올리게 된다. "하느님의 아들 환웅이 무리 삼천 명을 거느리고 태백산 신단수 아래로 내려왔다"(『삼국유사』 「단군신화」)는 이야기 속의 신단수와 성황림의 신목이 자꾸 겹친다. 성황림에 갈 때마다 나는 금줄을 두르고 있는 신목 아래에서 하늘을 올려다보곤 한다. 곧게 뻗어 치솟은 높이는 까마득하고 까마득한 높이에서 햇살은 지상을 내려다보고 있다. 햇살은 신의 빛나는 눈동자를 닮았다. 올려다보는 나의 눈빛과 마주쳤다 어긋났다 숨바꼭질하듯 일렁거린다. 나는 그에게 이 숲을 영원히 비춰 달라고 빈다.

곧게 뻗어 올라간 전나무가 양(陽)과 남성성을 상징하는 신목이라면, 왼쪽의 엄나무는 땅과 교감하며 음(陰)과 여성성을 상징하는 신목이다. 엄나무에는 가시가 많아 잡귀를 물리치는 효능이 있다고 전해 온다. 성황제 때에는 엄나무 앞에 제수를 진설하고 간절히 기도하는 제례가 따로 행해지기도 한다.

활엽수림과 토종 식물의 보고

두 그루의 신목 외에도 성황림 안의 모든 나무는 외경의 대상이다. 베거나 훼손하는 행위는 엄격한 금기 사항이다. 성황림을 자유롭게 출입하던 옛 시절, 나무를 벤 사람이 그 자리에서 죽었다는 이야기가 오래전부터 마을에 전해 오고 있다.

성황림에는 신목 외에도 수많은 나무들의 식생이 풍부하다. 지난 30여 년 동안 출입을 금하면서 중부지방의 온대 낙엽 활엽수림을 대표하는 숲으로 탈바꿈했다. 생태적으로도 보호, 보존할 가치가 충분한 숲으로 성장한 것이다. 현재 성황림에는 복자기나무·귀룽나무·느릅나무·졸참나무·층층나무 등 90여 종의 목본식물이 서식하고 있다. 뿐만 아니라 복수초·꿩의 바람·노루귀·사위질빵·애기똥풀·줄딸기 등 수십 종의 초본식물과 야생화가 사계절 지천으로 피고 진다. 낙엽 활엽수림의 박물관이자 토종 식물의 보고로 푸른 향기를 내뿜고 있다.

성황림은 사계절 모두 아름답지만 특히 가을날의 단풍은 압권이다. 성황당 주변에 호위하듯 늘어선 복자기나무가 단풍의 주인공이다. 단풍의 여왕이라 불리는 복자기나무의 단풍은 황홀하다. 잎들이 무더기로 질 때, 성황당의 지붕과 앞마당은 카펫을 깔아 놓은 듯 붉고 고운 빛으로 물든다. 그 풍경을 바라보고 있으면, 숲의 고요는 깊어지고 고요한 숲에 깃든 신들의 기척이 들려오는 듯하다.

성황림의 변화와 생태 프로그램

일 년에 두 번만 개방되었던 성황림이 변화하고 있다. 지난

2020년 문화체육관광부에서 선정한 생태 테마관광 사업에 성황림이 선정되었기 때문이다. 같은 해 원주시에서도 성황림 생태 체험 프로그램을 선보였다. 이제부터는 누구든지 예약을 통해 성황림 생태 탐방과 숲속 명상, 숲 체험, 소원지 쓰기 등 힐링 여행이 가능해졌다.

성황림 마을 체험관에서도 다양한 프로그램을 운영 중이다. 지역 명물인 취나물을 섞은 인절미 떡메치기, 트랙터를 개조한 마차를 타고 마을과 성황림을 왕복하는 특별한 즐거움을 누릴 수 있다. 성황림이 지닌 생태적, 민속적, 문화적 자산을 널리 공유하고 인식하자는 취지의 좋은 프로그램이라고 생각한다.

대중과 한층 가까워지는 성황림을 보면서, '성황'이라는 명칭에 대해서 한번 생각해 보게 된다. 사실 우리가 이제까지 써온 '성황림(城隍林)'이란 말은 어려운 한자이다. 중국의 성황신앙에서 들어온 것으로 짐작되는 성황이란 말은 '외부의 적을 막기 위해 해자[隍]에서 퍼 올린 흙으로 쌓은 성지(城池)'라는 뜻이니 몹시 낯선 말이다.

다행스럽게도 우리 민간에서는 성황 대신에 '서낭'이라고 쓰던 아름다운 전통이 있어 왔다. 그러니 앞으로는 성황림, 성황당, 성황신 대신 서낭숲, 서낭당, 서낭신으로 부르면 어떨까 싶다. 신목이나 성황제도 당목이나 당제로 바꿔 불러도 좋을 것이다. 우리말 속에 깃든 우리의 토속, 민속 문화가 훨씬 정답게 느껴지기 때문이다.

성황림의 신목 전나무 신과 인간을 이어주는 신성한 나무로 여긴다. 수령을 헤아리기 어려울 만큼 거대하다.

16

원주역
80년의 추억이 정차한 폐역

몇몇 승객과 카메라를 든 사진작가들이 서성거리고 있다. 마지막 열차를 기다리고 있는 중이다. 열차가 곧 도착한다는 안내 방송이 나오고 먼 어둠 속에서 기적소리가 들린다. 곧이어 열차가 미끄러지듯 승강장으로 들어온다. 순간 여기저기서 플래시 불빛이 터지고 셔터 소리가 요란하다.

잠시 정차했던 열차가 원주역을 출발한다. ITX-새마을호 1078호, 청량리행 마지막 열차다. 열차에 오른 나는 자리에 앉자마자 눈을 감는다. 그리고는 생각에 잠긴다. 지난 시절, 무수하게 타고 내린 원주역의 추억과 다시는 볼 수 없는 이곳의 풍경을 떠올려 본다. 지금 시각은 2021년 1월 4일 22시

27분. 80년 만에 학성동의 원주역이 문을 닫던 순간, 나는 그 자리를 지켜본 마지막 승객 중의 한 명이었다.

추억 속의 원주역

원주중학교 2학년 시절, 어느 봄날이었다. 원주역에서 기차를 탔다. 미술 선생님을 따라 미술부원들과 함께 기차에 올랐다. 서울 모 대학에서 주최하는 전국 중고등학교 미술대회에 참가하러 가는 길이었다. 기차를 타고 도착한 서울은 크고 화려했다. 대학 교정에 만발한 꽃그늘 아래서 그림 그리던 기억과 처음 보았던 서울의 이미지를 나는 지금도 잊지 못한다. 소년 시절의 나를 더 넓고 새로운 세상으로 데려다주었던 그해 봄날의 원주역은 따스하고 포근했다.

고향을 떠나던 날도 이곳에서 기차를 탔다. 몹시 추운 겨울날 새벽 기차였다. 아직 통금이 있던 시절, 외할머니와 함께 개운동에서부터 원주역까지 걸었다. 먼 새벽길은 춥고 쓸쓸했다. 내가 기차에 오를 때까지 대합실에서 지켜봐 주시던 모습은 이젠 그리운 추억이다. 손이라도 한번 잡아드리지 못하고 무심하게 돌아섰던 그 순간을 두고두고 후회했다. 그 후로 원주역의 대합실을 들어설 때면 언제나 배웅하던 외할머니의 모습이 떠오르곤 했다. 이제는 안 계신 당신처럼 폐역이 된 원주역엔 소소한 사연과 애틋한 추억만이 남아 있다.

원주역에 얽힌 추억은 나에게만 있는 것은 아닐 것이다. 지난 80년 동안 수많은 사람들이 이곳과 인연을 맺으면서 무수한 이야기와 추억을 남겼을 것이다. 누군가는 꿈과 희망을 품고 서울행 기차에 올랐다면, 누군가는 참담한 실패 끝에 쓸쓸한 귀향의 종착역이 되기도 했을 것이다. 연인과 헤어진 누군가가 눈물을 흘린 이곳에서 또 누군가는 재회의 기쁨에 환하게 웃은 장소가 되었을지도 모른다.

이렇게 기차역이란 단순히 사람들이 타고 내리는 교통시설로서의 공공장소에 국한되지 않는다. 세상의 모든 기차역은 수많은 사람들의 애환이 켜켜이 쌓여 있는 사적이고 정서적 장소이기도 하다. 개인의 내밀한 이야기는 물론 지역의 역사와 공적인 서사가 서로 얽히고설킨 공간이 기차역이다. 원주역 또한 다르지 않을 것이다.

원주의 오래된 관문

원주역은 1940년 4월 1일 개통되었다. 원주역을 지나가는 중앙선 철도공사는 1936년 3월 1일 청량리 방면에서 처음 시작되었다. 공사 착수 4년 만에 청량리와 원주를 잇는 철도가 완공된 것이다. 중앙선의 전 구간인 청량리에서 경주 구간은

1942년 4월 1일 개통되었다. 중앙선이 우리나라 최초의 철도인 경인선(1899)과 경부선(1905)에 비해 늦게 개통된 이유는 백두대간을 따라가는 험준한 지형 탓이었다고 한다.

일제강점기 시절, 중앙선이 개통되면서 여객은 물론 강원도 각지에서 생산되는 목재와 석탄, 농산물을 운반하는 중요한 운송 수단이 되었다. 일제에 의한 자원 수탈과 공사 기간 중의 강제 노동은 원주역이 간직하고 있는 아픈 역사 중 하나다.

다만 원주역 광장 왼쪽에는 옛 증기기관차에 물을 공급하던 시설인 급수탑(국가 등록문화재 제138호)이 남아 있어 오래된 원주역을 증언한다. 물을 데워서 수증기로 엔진을 가동하던 증기기관차 시절의 유물이다. 1950년대 디젤기관차가 등장하면서 기능을 멈췄지만 1940년 이래 아직까지 그 자리를 지키고 있다. 높이 18m 지름 5m 크기의 콘크리트 구조물은 마치 거대한 송이버섯 형상으로 지난 80년 동안 원주역의 역사를 고스란히 지켜보고 있다.

원주역은 1950년 한국전쟁 때 전소된 이후 1956년에 복원되었다. 지금 남아 있는 건물은 1980년에 신축한 역사다. 해방 이후 근대화 시대를 거치면서 오늘날까지 강원 영서지방의 교통 편의는 물론 산업 발전에 크게 이바지했다.

동화 속 로맨틱한 분위기의 반곡역

원주에는 원주역 외에도 여러 개의 간이역이 있다. 만종역·
간현역·동화역·반곡역·신림역은 모두 그림처럼 아름다운
간이역 들이다. 먼저 폐역이 된 간현역과 만종역 외에 나머지
역들은 원주역과 함께 문을 닫았다. 이 중에서 반곡역은 개통
될 당시의 건물을 그대로 보존하고 있는 유서 깊고 아름다운
역이다.

반곡역(국가 등록문화재 제165호)은 1941년 보통역으로 문
을 열었다. 반곡역의 첫인상은 높고 뾰족한 박공지붕이 보는
사람의 눈길을 잡아끈다. '박공지붕'이란 펼친 책을 엎어 놓은
모양의 지붕으로, 근대기에 수입된 서양 목조건축 양식 중의
하나다. 치악산을 배경으로 동화에 나오는 집처럼 몹시 이국
적이고 로맨틱한 분위기를 풍긴다.

역사 양쪽의 벚나무 두 그루는 오랜 세월만큼 어느덧 고목
이 되었다. 벚꽃이 눈처럼 날리는 봄날이면 반곡역도 덩달아
꽃빛으로 달아오른다. 덕분에 봄날의 반곡역 마당은 카메라
를 든 연인들로 붐비고, 영화나 드라마의 배경으로 자주 등장
하는 명소가 되었다.

반곡역은 치악산 자락에 바짝 붙어 있다. 나무가 우거지는
여름철이면 승강장이 마치 숲속에 있는 것처럼 운치가 넘친

다. 대합실 대신 '맞이방'이라고 쓴 아담한 실내 공간 또한 옛 멋이 깃들어 있다. 좌우로 여닫는 출입문은 지을 당시 그대로의 육중한 나무문이다. 낡은 나무 결엔 오랜 세월의 더께가 반들거린다.

마지막 열차가 떠나던 날, 반곡역을 찾았다. 밖은 이미 어두웠고 날씨는 차가웠다. 역사 밖엔 '반곡역 영업종료 알림'이라고 쓰인 현수막이 걸려 있다. 무뚝뚝한 현수막을 바람이 가끔 흔들고 지나갔다. 승객 몇이 열차를 기다리는 대합실 안, 피워 놓은 석유난로의 온기조차 미미했다. 마침 원주

어둠 속에 저물던 반곡역 벚꽃이 활짝 피면 동화 속 집처럼 아름다웠던 역이 80년 만에 문을 닫았다.

MBC에서 취재 나온 PD 한 분을 우연히 만났다. 카메라 앞에서 몇 분 후면 역사 속으로 사라지는 반곡역에 대한 소감을 나누었다.

청량리행 1608호에 오르는 나의 뒷모습과 마지막 열차를 배웅하듯 카메라가 따라왔다. 2021년 1월 4일 19시 27분이었다. 기차도 사람도 모두 이별하는 시간과 장소에서 새로 만난 인연이 소중했다. 며칠 후 열차에 오르는 나의 뒷모습과 반곡역을 빠져 나가는 마지막 열차가 TV 전파를 탔다. 화면 속의 반곡역이 어둠에 묻히며 쓸쓸했다. 반곡역 80년의 역사는 그렇게 저물었다.

영화 속의 옛 신림역

반곡역 못지않게 아름다운 간이역이 신림역이다. 원주를 통과하는 마지막 역으로, 신림역을 지나면 충북 제천이다. 1941년 보통역으로 운행을 시작했다. 한국전쟁 때 역사가 파괴되었으며, 현재의 건물은 1956년에 신축한 역사다. 신림(神林)이라는 역명은 이곳의 지역명에서 유래한다. '신들이 사는 숲'이란 이름에 걸맞게 근처엔 유서 깊고 신성한 숲인 성황림(천연기념물 제93호)이 있다. 아담한 신림역사 외벽은 푸른 소나무 숲 그림으로 채워져 있는데 근처의 성황림을 모방한 그림이다.

신림역의 인상적인 풍경은 승강장 내에 있다. 역사 반대편 마을로 가는 길이 바로 승강장을 가로질러 가도록 되어 있다. 그래서 승강장 안에는 사람과 차량을 통제하는 차단기가 설치되어 있다. 기차가 들어올 시간이면 차단기가 따릉따릉 울리면서 내려오고 기차가 지나가면 차단기가 다시 올라간다. 그 소리가 참 정답고 듣기 좋았다. 폐역이 되면 다시는 듣지 못할 아름다운 소리다.

신림역을 갈 때마다 떠오르는 영화 한 편이 있다. 이문열의 단편소설 「익명의 섬」을 원작으로 한 임권택 감독의 1982년작 〈안개마을〉이다. 당대의 스타 안성기와 정윤희가 주연을 맡은 이 영화를 1983년에 본 적이 있다. 영화가 훌륭하고 아름답기도 했지만, 영화 속에 신림역이 나온 덕분에 더 오래 기억에 남았다. 여주인공 정윤희가 기다려도 기다려도 오지 않는 애인을 기다리던 곳이 바로 '신림역'이었다. 폭설이 쏟아지는 역사를 배경으로 빨간 우산을 쓴 채 하염없이 기다리던 장면은 1980년 초, 그러니까 40여 년 전의 신림역 풍경이다. 거센 눈발 속에 묻히던 신림역이란 간판 글씨가 오래 기억에 남는다. 이제는 사라진 신림역의 풍경을 나는 영화 한 편속에서 옛사랑처럼 만난다.

학성동의 옛 원주역(왼쪽)과 현재 무실동의 새 원주역(오른쪽) 수많은 사연을 간직한 채 80년 만에 문을 닫은 원주역이 무실동에서 원주역의 새 역사를 써 나가고 있다. 치악산과 떠오르는 태양을 상징하는 조형물의 세련된 디자인이 원주를 찾는 외지인에게 깊은 인상을 준다.

원주역, 무실동 시대를 열다

80년 역사의 학성동 시대를 마감한 원주역은 무실동에서 새로운 역사를 시작한다. 원주와 제천 구간 복선전철 사업이 완료되면서 무실동의 원주역과 지정면의 서원주역이 동시에 개통되었다. 2021년 1월 5일부터 운영을 시작한 새 역사에는 최고 속도 시속 260km의 신형 KTX-이음이 달린다. 원주역과 서원주역에서 각각 46분과 42분이면 청량리역에 도착한다. 예전 운행 시간에 비해 20분 이상 단축되었다. 바야흐로 원주의 수도권 시대가 개막된 셈이다.

치악산 자락을 따라가며 펼쳐졌던 아름답고 오래된 역들이 사라진 건 무척 아쉬운 일이다. 하지만 중부 내륙의 중심 도시로서 원주의 미래와 지역 발전을 위해 변화는 불가피하다. 무실동 원주역을 포함해서 KTX 정차 역을 세 곳이나 보유한 원주는 편리한 교통을 기반으로 경제와 산업, 문화와 관광의 요충지로 거듭날 조건을 갖추게 되었다.

개통 직후 청량리역에서 KTX를 타고 무실동 원주역으로 달렸다. 열차는 빠르고 안락했고, 새 역사는 쾌적하고 넓었다. 원주를 상징하는 치악산과 은행나무 이미지로 조형된 역사 안팎의 디자인이 퍽 인상적이다. 첨단 시설을 갖춘 현대식 역사가 세련되고 눈부시다. 원주역의 새로운 역사를 써 내려

갈 터전이다. 하지만 한겨울의 날씨처럼 아직은 낯설고 차갑다. 앞으로 수없이 오고가는 사람들의 손때가 묻으며 그들만의 내밀한 사연과 이야기로 온기를 더해 갈 것이다. 마치 옛 원주역은 사라졌지만 그 추억의 온기만은 아직 우리 곁에 남아 있듯이 말이다.

17

치악산
아름다운 풍경과 이야기를 품은 원주의 진산

유년 시절, 개운동 우리 집에서 언제나 잘 보였던 산. 사계절 치악산을 바라보며 자랐다. 겨우내 헐렁했던 산에 물감 엎지른 듯 연둣빛이 번지면 봄이 무르익었구나 생각했고, 이른 아침 일어나 바라보던 먼 능선이 흰 눈을 뒤집어쓰고 있으면 겨울이 깊은 줄 알았다.

초등학교 시절, 봄가을이면 치악산으로 소풍을 가곤 했다. 치악산 아래 국형사가 초등학생이 갈 수 있는 가장 먼 곳이었다. 저 높은 산을 넘어가면 무엇이 있을까, 늘 궁금했다. 중학생이 되어서는 친구들과 함께 입석대와 입석사까지 올라갈 수 있었다. 산길은 가팔랐고 숨은 차올랐다. 가쁜 숨을 몰아쉬며 힘차게 오를 때마다 조금씩 팔다리에 힘이 붙고 키가 자랐다.

치악산은 내가 태어나 처음 본 산이었고, 처음 오른 산이었으며, 가장 오랫동안 지켜본 산이기도 하다. 그리고 산의 무서움과 산의 아름다움을 가르쳐 준 것도 치악산이었다. 지금도 '치악산' 하고 가만히 불러보면 내 유년의 기억과 지나온 세월이 내 입속에서 산빛으로 물든다.

비로봉 가는 길

성인이 되어서도 이따금 치악산을 찾았다. 기승을 부리는 폭염을 피해 구룡사에서 하룻밤을 묵었던 적이 있었다. 이른

치악산의 정상 비로봉 심장이 터질 듯 계단을 오르다 저 세 개의 돌탑이 보이면 비로소 정상에 다 왔다는 안도감에 온몸의 피로도 잊는다. 돌탑에 기대 사방을 둘러보면 산줄기가 물결치듯 흘러가는 장관이 눈앞에 펼쳐진다.

새벽 절집을 나와 비로봉으로 향할 때, 그 비릿했던 안개 숲을 지금도 잊지 못한다. 비로봉(1,288m)은 치악산의 주봉으로 가장 높은 봉우리다. 1970년대만 하더라도 원주 사람들은 비로봉을 '시루봉'이라고 불렀다. 그 이름이 지금도 훨씬 친숙하다.

구룡사에서 비로봉에 이르는 산길의 표정은 다양하다. 우선 구룡사에서 세렴폭포까지는 아름다운 산책길이자 사색길이다. 길을 걷는 내내 울창한 숲이 이어지고 새소리와 물소리가 따라온다. 30도를 웃도는 한여름에도 계곡물에 손을 담그면 손이 시려 오래 견디지 못한다. 길은 평평하고 폭신한 흙길이다. 하지만 길의 호사는 여기까지다.

세렴폭포를 지나면 비로봉으로 오르는 험준한 길이 가로막는다. 흔히 '사다리병창'이라고 부르는 길이다. '병창'이란 영서지방 방언으로 '벼랑' 혹은 '낭떠러지'란 뜻이다. 비로봉으로 오르는 암릉이 마치 사다리를 곧추세워 놓은 듯 가파르다고 해서 붙여진 이름이다. 사다리병창 길은 원주 사람들뿐만 아니라 산을 좋아하는 외지인들에게도 가장 악명 높은 등산로다. '치'가 떨리고 '악'소리가 난다고 해서 치악산이라고 부른다는 속설이 괜히 나온 말이 아니다.

돌계단과 철계단 그리고 가파른 암릉 구간이 끝없이 이어진다. 계단 지옥이다. 자비란 없다. 수직에 가까운 2.7km의 계단을 하나씩 오를 때마다 심장은 터져 나갈 것만 같다. 하지만 이 길에선 육체가 소진될수록 정신은 맑아지는 묘한 쾌감이 몰려온다. 치악산이 베푸는 신비로운 체험이다. 그러기에 힘든 줄 알면서도 다시 등산화 끈을 조이는 치악산의 유혹에 번번이 빠진다.

숨을 고르며 마지막 계단 끝에 서면, 돌로 쌓은 미륵불탑 세 개가 눈에 들어온다. 드디어 정상에 오른 것이다. 원뿔 모양의 장대한 돌탑들은 치악산 비로봉의 상징이다. 북쪽에서부터 각각 칠성탑 · 산신탑 · 용왕탑이라고 불린다. 맑은 날, 비로봉에 서면 웅장한 치악산의 산세가 끝없이 펼쳐진다. 일망무제다.

장쾌한 산줄기와 첩첩능선이 파도치듯 흘러간다. 물결무늬로 굽이치는 연봉이 장관이다. 매년 새해 첫새벽이면 해맞이 인파들이 구름처럼 모여든다. 저 먼 동쪽에서 해가 떠오르면 첫 햇살이 비로봉을 환하게 비춘다. 비로봉은 원주에서 가장 먼저 햇볕에 데워지는 따스한 봉우리인 셈이다.

조선시대 문인 매월당 김시습(1435~1493)도 이른 봄날 치악산 산행에 나섰던 모양이다. 그가 묘사한 500여 년 전 치악산도 오늘처럼 아름답기는 마찬가지다.

치악산

치악산은 우뚝우뚝 푸른 하늘에 솟았고
연기와 노을은 아스라이 보일 듯 말 듯
한줄기 흐르는 봄물에 이끼 미끄럽고
천 길 벼랑에 핀 진달래꽃 붉다

산봉우리 사이 길엔 아직 눈이 남아 있고
바위를 돌아가는 계단에는 저녁 구름 자욱하다
푸른 산은 도처가 경치 좋은데
다리 힘이 빠지도록 걸어도 산길은 끝이 없구나 [13]

봄날의 치악산은 아름다웠지만, 다리 힘이 다 빠지도록 걸어도 끝없는 산길이었다고 하니 매월당도 어지간히 힘들었나보다. 혹시 그도 나처럼 힘 빠진 다리를 후들거리며 비로봉에 올랐던 것은 아닐까 싶다.

---

[13] 출처는 『매월당시사유록(梅月堂詩四游錄)』.

상원사의 꿩 보은 설화

잘 알려진 대로 치악산은 원주의 진산(鎭山)이다. 근래에 들어 '치악산맥'이라고도 부르는 차령산맥의 줄기로 영서지방의 명산이다. 주봉인 비로봉을 비롯해서 1,000m가 넘는 봉우리들이 연이어 있다. 1973년에 강원도 도립공원으로 지정되었으며, 1984년 12월 31일 국립공원으로 승격되었다. 전체 공원 면적은 17만 5,668㎢로 원주의 동쪽에서 남북으로 길게 뻗어 있다. 치악산의 동쪽은 경사가 완만한 반면 서쪽은 가파르다. 가파른 만큼 계곡이 깊고 험준하다.

깊은 산자락들은 아름답고 오래된 설화와 이야기들을 품고 있다. 그중 대표적인 이야기가 상원사 꿩 보은 설화다. 치악산은 원래 가을 단풍이 아름다워 '붉을 적(赤)' 자를 쓴 적악산이었다고 한다. 꿩 설화는 치악산 이름의 유래를 우리에게 알려준다. 그리고 무엇보다도 은혜 갚은 동물 이야기를 통해 사람의 참된 도리에 대해서도 깊이 생각하게 한다. 이야기는 이렇게 시작한다.

옛날 경상도 어느 지방의 젊은이가 서울에서 치르는 무과 시험을 보기 위해 치악산 고개를 넘어가고 있었다. 그때 갑자기 숲속에서 꿩들의 다급한 울음소리가 들려왔다. 웬일인가 싶어 가까이 가보니 구렁이 한 마리가 어린 꿩 세 마리를 잡아

먹으려고 혀를 날름거리고 있는 게 아닌가! 깜짝 놀란 젊은이는 등 뒤에 메고 있던 화살을 뽑아 구렁이를 향해 쏘았다. 화살을 맞은 구렁이는 크게 요동을 치더니 그 자리에서 죽고 말았다. 꿩들의 목숨을 구해준 것이다.

계속 길을 가던 젊은이는 날이 어두워져 그만 길을 잃고 말았다. 그때 숲속에서 불이 켜진 집 한 채를 발견하고는 하룻밤 묵어가게 되었다. 여인 혼자 사는 집이었다. 깊이 잠들었던 젊은이는 잠결에 가슴이 답답해서 눈을 뜨고는 소스라치게

꿩 설화가 깃든 상원사 '치악산'이라는 이름에 담긴 동물 보은의 이야기는 아름답고 애틋하다. 범종각에서 꿩이 치는 듯한 종소리를 들으면 사람 사는 도리와 의리에 대해 깊이 생각하게 된다.

놀랐다. 구렁이 한 마리가 그의 몸을 칭칭 감고 있었던 것이다. 구렁이가 젊은이의 얼굴을 노려보며 "낮에 네가 죽인 구렁이는 내 남편이다. 남편의 원수를 갚겠다" 하면서 더욱 조여 오는 것이었다. 크게 놀란 젊은이는 목숨만은 살려 달라고 애원할 수밖에 없었다.

그러자 구렁이가 "저 산 위에 종이 있는데 새벽이 오기 전 종소리가 세 번 울리면 살려주겠다"라고 하는 것이 아닌가. 하지만 깊은 산중의 새벽에 도대체 누가 종을 칠 수 있단 말인가. 낙담한 젊은이가 모든 걸 포기하려는 순간, 기적 같은 일이 벌어졌다. 종소리가 정확히 세 번 울린 것이다. 그러자 구렁이가 스르르 그의 몸을 풀어 주고는 감쪽같이 사라졌다.

너무도 기이해서 날이 밝자마자 젊은이는 종소리가 들렸던 곳으로 올라가 보았다. 과연 산 위에 종이 매달려 있었다. 그 아래를 보니 꿩 세 마리가 떨어져 있었다. 머리가 깨지고 피 흘린 자국이 선명했다. 어제 낮에 젊은이가 목숨을 구해 준 바로 그 꿩들이었다. 자신들을 구해 준 젊은이를 위해 목숨을 바쳐 보은한 것이다. 그 종이 있던 곳이 지금의 상원사이며, 그때부터 적악산은 '꿩 치(雉)' 자를 써서 치악산이라고 불렸다고 한다. 은혜를 잊지 않은 동물 보은의 아름다운 설화가 치악산이라는 이름에 깃들어 있다.

상원사는 치악산 남쪽 1,084m 고지에 있는 절집이다. 신라 때 창건되었다고 하니 무척 오래된 고찰이다. 절 마당 끝에는 꿩 설화를 간직한 종이 범종각 안에 매달려 있다. 상원사의 종소리를 들으면, 온몸으로 은혜 갚은 꿩의 울음인 듯 언제나 애틋하게 울려 퍼진다.

국형사와 동악단 치악산제

치악산에는 구룡사와 상원사 외에도 유서 깊은 절집들이 많다. 내가 초등학교 시절 소풍을 가곤 했던 국형사 또한 신라 말 경순왕 때에 무착대사가 창건해 처음에는 '고문암(古文庵)'이라고 불렸다고 한다. 현재 행정구역상 국형사의 주소인 '고문골길'이란 명칭에 오래된 이름의 흔적이 남아 있다. 국형사를 흔히 '고문절'이라고 부르기도 했다.

국형사에는 조선시대 2대 임금인 정종의 둘째 공주에 대한 전설이 내려온다. 난치병에 걸린 공주가 국형사에 머물면서 백일기도를 올린 후에 씻은 듯이 병이 나았다고 한다. 공주가 완쾌해 환궁하자 정종이 몹시 기뻐하며 국형사를 영험 있는 절이라고 여겨 크게 중창했다고 한다.

국형사 옆의 동악단은 조선시대 치악산의 위상을 보여주는 오래된 유적이다. 조선시대에는 전국에 오악을 두었는데,

그중의 한 곳인 치악산에 동악단을 설치했다. 『조선왕조실록』과 『동국여지승람』 같은 옛 문헌에 따르면, 조정에서 매년 봄가을 두 차례 향과 축문을 내려보내 치악산신에게 제사를 지내게 했다고 한다. 국가 차원의 산신제가 거행되었던 곳이 바로 동악단이다. 지금의 동악단은 근래에 신축한 사당이긴 하지만 산신제의 전통을 아직도 이어가고 있다. 동악단 주변의 오래된 소나무 군락은 청정하고 격조가 빼어나다. 동악단의 성스러운 분위기와 잘 어울린다.

치악산의 새로운 비경, 둘레길

근래에 치악산과 관련해 새 소식이 들려왔다. 원주시가 2021년 5월 치악산 둘레길을 완공했다는 소식이다. 이번에 개통된 길은 2019년에 이미 개방했던 1~3코스를 포함한 11개 코스로 모두 140km에 이른다. 횡성군과 영월군 일부를 지나며 치악산을 한 바퀴 도는 생태·문화·역사·자연 탐방 길이 완성된 것이다. 기존의 원주 굽이길 400km에 치악산 둘레길까지 합친다면 원주는 그야말로 걷기 좋은 도시로서의 면모를 더욱 굳히게 된다.

땀을 뻘뻘 흘리며 수직으로 높이 오르는 치악산도 좋지만, 이제부터는 수평으로 천천히 걸으면서 치악산의 새로운 풍경과 이야기를 즐길 수 있게 되었다. 치악산 둘레길은 치악산이 품고 있는 작은 마을과 언덕, 골짜기와 옛길을 편안히 걸을 수 있도록 연결했다. 길을 따라 걷다 보면 우리가 미처 몰랐던 숱한 비경과 마주친다. 11개 코스에 붙여진 길 이름 또한 저마다 아름답고 서로 다른 풍경을 보여준다.

1코스인 꽃밭머리길을 출발해 걷다 보면, 수레너미길·서마니강변길·싸리치옛길·아흔아홉골길 등 이름처럼 아름다운 길이 끝도 없이 이어진다. 9코스 자작나무길에선 하얀 자작나무가 걷는 자의 마음까지 환하게 밝혀 주고, 마지막 코스인 한가터길에 들어서면 쭉쭉 뻗은 잣나무 군락이 원시림을 방불한다. 3코스 수레너미길처럼 이야기를 품고 있는 길은 우리를 잠시 길 위에 멈춰 세우기도 한다.

스승 원천석과 제자 태종의 이야기

조선시대 이중환의 『택리지』를 보면 치악산을 배경으로 펼쳐졌던 운곡 원천석(1330~?)과 조선의 3대 임금인 태종 이방원(1367~1422)에 얽힌 일화를 전하고 있다. 치악산 둘레길 3코스인 수레너미길은 바로 이들의 이야기가 서린 오랜 역사길이다.

운곡은 원주 출신의 고려 말 충신이었다. 나라가 망하자

벼슬을 버리고 치악산에 은거했던 강직한 선비였다. 아직 임금이 되기 전인 13세의 어린 이방원은 치악산 각림사에 머물며 운곡 선생 밑에서 공부했다고 한다. 스승과 제자의 인연을 맺은 것이다. 그 후 왕위에 오르고 나서 스승을 뵈러 치악산에 왔으나 운곡은 몸을 피하고 만나주지 않았다고 한다. 운곡은 망국의 충신으로 고려에 대한 지조를 지키고자 왕이 된 제자의 방문조차 거부한 것이다. 그러니 이방원은 타고 온 수레를 되돌려 갈 수밖에 없었다.

훗날 사람들이 이 사연을 듣고는 태종이 아쉬움을 뒤로한 채 수레를 돌렸던 곳을 '태종대'라고 이름을 붙였다. 또한 스승을 만나기 위해 수레를 타고 넘은 언덕을 '수레너미길'이라고 부르기 시작했다. 그 이름과 사연이 치악산 둘레길 3코스인 수레너미길에 고스란히 간직되어 있는 것이다.

18

뮤지엄 산
건축, 예술 그리고 자연의 하모니

지난 2005년 10월, 고(故) 이인희(1929~2019) 전 한솔문화재
단 이사장이 간곡한 편지 한 통을 썼다. "강원도 원주시에 산
상 미술관을 만들고 싶습니다. 부디 설계를 맡아 주십시오."
수신인은 '빛과 물과 바람의 건축가' 안도 다다오였다. 편지를
받아든 안도는 한 달 후인 그해 11월 원주를 찾았다. 원주시
지정면 구룡산(478.3m) 중턱이었다. 처음에 안도는 이곳이 너
무 외진 곳이어서 "사람들이 찾아오기 어렵겠다"라며 망설였
다. 그러나 실제 부지를 둘러보고는 마음을 바꿨다. '건축계의
노벨상'인 프리츠커상 수상자인 안도는 "이곳에 별천지를 만
들어 보겠다"며 설계를 맡았다.[14]

안도가 설계한 산상 미술관은 8년간의 공사 끝에 2013년 5월 문을 열었다. 개관 당시에는 한솔 뮤지엄이라고 했는데, 이듬해 3월에 Museum SAN(뮤지엄 산)으로 이름을 바꿨다. 전체 부지 7만㎡가 넘는 미술관은 산속에 펼쳐진 전원형 뮤지엄이다. 'SAN'은 '산(山)'으로 읽어도 좋지만, 'Space', 'Art' 그리고 'Nature'의 첫 글자에서 가져왔다. 건축과 예술, 예술과 자연, 자연과 건축이 행복하게 만나 조화를 이루는 복합문화 예술 공간이 탄생한 것이다.

느리게 걷는 정원식 뮤지엄

뮤지엄 산의 여정은 출입구에 해당하는 웰컴 센터에서 시작한다. 웰컴 센터를 나오면 플라워 가든, 워터 가든, 뮤지엄 본관, 스톤 가든과 명상관을 거쳐 제임스 터렐관으로 이어진다. 700m에 이르는 긴 산책길이다. 주요 볼거리를 둘러보는 동선 거리를 모두 합치면 무려 2.5km에 달한다. 하지만 산책길 주변엔 다양한 조형물과 예술품이 펼쳐져 있어 관람객의 호기심을 끊임없이 자극한다. 걷는 길이 지루할 틈이 없다.

---

14 《조선일보》 2020년 5월 29일 '빛과 물과 바람이 빚었다, 원주 산속 별천지' 기사 참조.

플라워 가든은 이름 그대로 꽃의 정원이다. 초여름이면 패랭이꽃 80만 주가 대지를 붉게 물들인다. 장관이다. 꽃밭 한가운데 미국의 조각가 마크 디 수베로(Mark di Suvero)의 1995년 작품 〈For Gerard Manley Hopkins(제라드 맨리 홉킨스를 위하여)〉가 우뚝 솟아 있다. 15m 높이의 강철로 된 거대한 조각으로 바람이 불면 윗부분이 움직여 마치 새가 날아가는 듯한 인상을 준다.

꽃밭을 지나면 180그루의 자작나무길이 이어진다. 희고 가느다란 나무 사이를 걷다 보면 십자 형태로 비스듬히 앞을 막고 있는 벽과 마주친다. 벽 너머에 무엇이 있을까, 적당히 궁금하게 만든다. 벽의 모퉁이를 도는 순간, 돌연 새로운 광경에 탄성이 저절로 나온다. 워터 가든과 뮤지엄 본관이 동시에 눈에 들어온다.

이렇게 안도의 건축은 모든 풍경을 한꺼번에 보여주지 않는다. 안쪽의 풍경을 꼭꼭 숨겨 놓고는 감추기와 드러내기를 반복한다. 예측하기 어려운 공간 배치와 구성으로 관람객의 긴장과 기대를 한껏 부풀린다. 뮤지엄 산을 걷는 매혹 중 하나다.

워터 가든과 뮤지엄 본관을 잇는 길 한가운데 미국 작가 알렉산더 리버만(Alexander Liberman)의 1997년 작품

뮤지엄 산의 상징 조형물인 〈아치웨이(Archway)〉 조형물의 붉은색과 푸른 하늘빛의 대비가 강렬하다. 멀리 보이는 뮤지엄 본관이 물 위에 떠 있는 듯 아름답다. 관람객이라면 누구나 여기서 카메라의 셔터를 누른다.

〈Archway(아치형 입구)〉가 걸려 있다. 이 작품은 뮤지엄 산의 트레이드 마크다. 가장 유명한 포토존이다. 이곳을 찾은 관람객들은 모두 이 작품을 배경으로 사진을 찍는다. 좀 우스갯소리로 표현하자면 마치 떡볶이를 어슷썰기한 것처럼 보이는 철제 조형물이다. 12개의 파이프 조각을 이어 붙인 모양과 빛깔이 역동적이고 리드미컬하다. 맑은 날에는 푸른 하늘과 붉은 빛이 강렬한 대비를 이룬다. 인공과 천연, 예술과 자연이 조화를 이루는 풍경은 볼 때마다 아름답고 경이롭다.

미로 같은 뮤지엄 본관 내부 외벽인 파주석과 내벽인 노출콘크리트로 구성된 내부는 건축 일반에 대한 우리의 상식을 깬다. 삼각 코트 가는 길의 날카로운 예각이 인상적이다.

워터 가든의 또 하나의 아름다움은 뮤지엄 본관과 하늘, 산과 나무가 물에 비치는 풍경이다. 멀리서 보면 뮤지엄 본관이 마치 물 위에 떠 있는 듯하다. 검은 해미석이 깔린 물의 깊이는 20cm에 불과하지만, 그 수면이 담아내는 자연의 풍경이 마음에 스미는 깊이는 헤아리기 어렵다.

파주석과 노출콘크리트의 조화와 아름다움

워터 가든으로 둘러싸인 뮤지엄 본관은 뮤지엄 산의 하이라이트다. 박물관과 미술관이 들어 있는 공간이기도 하지만, 전체 건물을 구성하는 건축 소재의 개성 또한 흥미롭기 때문이다. 뮤지엄 본관뿐만 아니라 뮤지엄 산 전체 건물을 구성하는 건축 소재는 딱 두 가지다. 파주석과 노출콘크리트다.

잘 알려져 있다시피 노출콘크리트는 안도 다다오가 즐겨 쓰는 건축 소재다. 파주석은 경기도 파주에서 캐낸 돌이라 하여 붙여진 이름이라고 한다. 뮤지엄 본관의 건물 구조는 파주석으로 외벽을 쌓고 그 안에 노출콘크리트로 여러 개의 전시장을 만든, 박스 인 박스(box in box) 콘셉트로 구성되어 있다. 파주석을 일일이 쌓아 올려 완성한 뮤지엄 본관 외벽은 성채처럼 견고하고 아름답다.

파주석과 노출콘크리트는 여러모로 대조적이다. 자연석인

파주석이 거칠지만 따뜻한 질감을 품고 있다면, 콘크리트는 차가우면서도 매끄러운 촉감을 드러낸다. 파주석이 밝은 연갈색의 율동하는 문양을 그려낸다면, 콘크리트는 탁하고 흐린 빛의 민무늬다. 파주석이 곡선의 이미지를 연출한다면, 콘크리트는 직선과 예각의 날카로움을 드러낸다. 이렇게 서로 대비되는 두 가지 요소의 조화가 미니멀하면서도 고품격의 공간을 창출하는 데 크게 기여하고 있다.

뮤지엄 본관을 들어서면 파주석인 외벽과 지붕 사이가 벌어진 틈을 볼 수 있다. 그 틈 사이로 자연광이 스며든다. 빛은 간접조명 역할을 하기도 하지만 그 자체로 은은한 장식적 효과를 낸다. 파주석과 콘크리트로 된 복도의 동선을 따라 천천히 걷다 보면 커다란 수직 창을 만난다. 창밖의 풍경과 빛을 인공의 건축물 안으로 받아들이기에 넉넉하다.

계절과 날씨, 하루의 시간에 따라서 받아들이는 풍경이 시시각각 변한다. 바람 부는 날, 일렁이는 물빛이 콘크리트 벽에 반사되는 찰나의 순간은 신비롭고 아름답다. 차갑고 무표정한 노출콘크리트 벽이 거대한 화폭으로 변하는 순간이다. 이런 풍경을 보고 있으면, 안도 다다오를 왜 '빛과 물과 바람의 건축가'라고 하는지 고개를 끄덕이게 된다. 건축물 자체가 예술이 되는 순간을 시시각각 체험한다.

종이에 관한 모든 것, 페이퍼 갤러리

뮤지엄 본관을 하늘에서 내려다보면, 네 개의 건축물이 날개(wing)처럼 서로 연결되는 독특한 구조로 되어 있다. 건축물이 연결되는 지점에 천장이 개방된 사각, 삼각, 원형의 공간을 조성했다. 중정(中庭)의 개념을 도입한 것이다. '중정'이란 건물 내의 정원이다. 정원에 서서 천장을 올려다보면 사각, 삼각, 원형의 하늘이 보인다. 사각은 땅, 삼각은 사람, 원형은 하늘을 의미하는데 건물 전체가 천지인(天地人)이 하나로 연결되는 건축가의 철학을 담았다고 한다.

앞쪽 두 동의 건물은 페이퍼 갤러리인 종이박물관이다. 종이박물관의 전신은 1997년 전주에서 개관한 한솔종이박물관이다. 국내 최초의 종이박물관으로 뮤지엄 산이 개관하면서 옮겨왔다. 현재의 박물관은 각 주제에 따른 네 개의 방으로 구성되어 있다. 각 방을 순서대로 관람하다 보면 종이의 탄생에서부터 현재에 이르기까지 종이의 문화적, 예술적 가치를 새삼 깨닫는 즐거움을 누리게 된다.

각 방은 동음이의어를 활용한 '紙(종이를 만나다)', '持(종이를 품다)', '志(뜻을 품다)', '至(종이에 이르다)'를 각각의 주제로 설정해 관람객의 관심과 흥미를 끌고 있다. 방 네 개를 천천히 돌아보면 종이의 탄생과 전파 과정, 우리 선조들의 한지 제작 기술과 한지로 만든 생활용품에 스민 지혜를 몸소 체험할 수 있다.

특히 박물관이 소장하고 있는 유물 중 국보 제277호 초조본『대방광불화엄경』주본 권36(전시품은 복제본)은 많은 관람객의 시선을 끌기에 충분하다. 줄여서『화엄경』이라고 부르는 불경으로 고려시대 때 인쇄된 두루마리 형태의 종이 유물이다. 천년이 훨씬 넘는 세월을 견뎌 온 유물을 통해 관람객들은 종이라는 매체의 가치와 의미를 다시 되새기게 된다.

그런가 하면 첨단 디지털 기술과 아날로그 종이 그리고 관객의 참여로 이루어지는 체험 작품 〈The Breeze〉도 흥미롭다. 관객이 종이를 들고 현실 공간에 서면 가상공간인 하늘에서 먹물 방울이 떨어진다. 먹물을 종이에 받으면『용비어천가』의 한 구절인 '뿌리 깊은 나무는 바람에 아니뮐세'라는 글자가 물결치듯 서서히 나타난다. 현실과 가상, 디지털과 아날로그 그리고 사람이 참여하는 공간 자체가 하나의 예술 작품처럼 느껴진다.

연중 펼쳐지는 미술의 향연, 청조 갤러리

뮤지엄 본관 안에는 페이퍼 갤러리 외에 청조 갤러리와 백남준 홀을 운영하고 있다. 청조 갤러리는 순수 미술관으로 상설

전시와 기획전시가 연중 열린다. 기획전시관에서는 판화, 수묵화, 사진은 물론 평면을 넘어선 종이의 입체성과 조형성에 주목한 작품들, 기하학적 도형 예술, 일상의 오브제를 소재로 한 미술 작품들이 전시된 바 있다. 6개월 단위로 열리는 기획전을 통해 관객들은 다양한 주제와 소재의 작품들을 연중 감상할 수 있다.

상설전시관은 2016년부터 '한국미술의 산책'시리즈를 선보이고 있다. 주로 20세기 우리나라를 대표하는 회화와 예술 작품들을 전시한다. 그동안 서양화 · 단색화 · 조각 · 산수화 · 추상화 · 판화에 이어 구상회화전을 개최한 바 있다. 상설전시가 관람객에게 주는 특별한 즐거움이 있다. 우리에게 널리 알려진 한국 근현대 미술의 거장들, 가령 김기창 · 박수근 · 이중섭 · 장욱진 · 김환기 · 이쾌대 등의 작품들을 감상할 수 있다는 점이다. 상설전 작품들은 이인희 전 한솔문화재단 이사장의 컬렉션 300여 점을 중심으로 이루어진다는 사실도 흥미롭다. 갤러리의 이름인 청조(淸照) 또한 이 전 이사장의 호에서 따왔다.

갤러리를 둘러보고 밖으로 나오기 전에 꼭 들려야 할 곳이 있다. 비디오아트의 선구자 백남준 홀이다. 높은 천장에 뚫린 둥근 구멍으로 쏟아지는 자연광이 전시실을 환하게 밝혀 준다. '현대판 성황당'으로 불리는 1994년 작품 〈커뮤니케이션 타워〉에 이어 최근에는 로봇 연작 두 작품을 새롭게 선보이고 있다. 오래된 TV나 오디오, 라디오 케이스를 소재로 구성한 로봇 형태의 작품이 낯설고도 신비롭다. 로봇으로 재탄생한 1993년작 〈정약용〉과 〈퀴리부인〉이 나란히 서서 관람객의 호기심을 자극하고 있다.

사색과 휴식의 시간 속으로

뮤지엄 본관을 나오면 다시 야외 정원이 펼쳐진다. 스톤 가든이다. 아홉 개의 스톤 마운드가 널찍이 자리 잡고 있다. 커다랗고 둥근 반원이 꼭 무덤을 닮았다. 안도 다다오가 경주 신라 고분에서 모티브를 얻어 디자인했다고 한다. 아홉 개의 숫자는 우리나라 8도와 제주도를 상징한다. 20만 개의 돌로 쌓은 고분들의 곡선은 부드럽고 완만하다. 가만히 바라보고 있으면 마음에 평화와 안정이 깃든다.

고분 사이로 난 길을 따라 서구의 조각 작품들이 들어서 있다. 모두 만만치 않은 작품들이다. 미국의 조각가 조지 시걸의 〈두 벤치 위의 커플〉을 비롯해 베르나르 브네의 〈부정형의 선〉, 헨리 무어의 〈누워 있는 인체〉 등이 눈길을 끈다. 고분이 풍겨내는 동양의 부드러운 곡선과 서구 조각품들의 추상적 이미지는 이질적이면서도 조화를 이룬다.

스톤 가든 옆에는 2019년 1월 문을 연 명상관이 자리 잡고 있다. 뮤지엄 산 개관 5주년을 기념해 안도 다다오가 설계했다. 외관은 스톤 가든의 돌무덤을 닮았다. 돔 형태의 모양으로 천장을 따라 가늘고 긴 틈을 내어 내부로 자연광이 스며들도록 했다. 안도 건축의 시그니처가 잘 살아있는 외관이다. 명상관은 이름 그대로 명상과 휴식을 위한 공간이다.

스톤 가든의 끝에선 뮤지엄 산의 마지막 공간인 제임스 터렐관을 만난다. 제임스 터렐은 '빛과 공간의 마술사'라고 불리는 설치 예술가다. 전시관에서는 그의 네 개의 작품을 감상할 수 있는데 적잖은 시각적, 공간적 충격을 준다. 폐쇄된 공간에서 구현하는 그의 빛에 대한 새로운 실험은 관객을 신비로운 빛의 환영에 빠뜨린다.

문화도시 원주의 랜드마크

뮤지엄 산을 걷다 보면 동선 자체가 마치 결말을 알 수 없는 시나리오를 읽듯 연속적인 미지의 순간을 경험하게 된다. 건축 소재의 독특한 물성과 자연이 베푸는 빛, 물, 그림자, 풍경 등이 서로 스미면서 절묘한 하모니를 이룬다. 이와 같은 뮤지엄 산의 개성은 관람객의 감각을 끊임없이 자극해 새로운 공간 체험을 하도록 이끈다. 개관 이후 꾸준히 입소문이 나면서 근래에는 매년 약 20만 명이 찾아온다고 한다.

뮤지엄 산은 2023~2024 시즌에도 한국관광공사가 선정하는 100대 관광지 중 한 곳으로 뽑혔다. 2년마다 한 번씩 선정하는데 지난 2015년부터 매회 뽑히고 있다. 꼭 유명 관광지이어서가 아니라 일상에 지치고 힘든 사람이라면 언제든지 찾아도 좋은 곳이 뮤지엄 산이다. 이곳에 오면 사계절 아름다운 자연과 예술이 있고, 느리게 흐르는 시간과 휴식이 있기 때문이다. 이곳은 '문화도시' 원주의 랜드마크다.

19

한지테마파크

원주, 오색 한지에 물들다

원주에는 '호저면'이란 지명이 있다. 일제강점기인 1914년 시행된 지방행정 개편에 따라서 호매곡면(好梅谷面)과 저전동면(楮田洞面)을 합치면서 한 글자씩 따온 이름이다. '저전(楮田)'은 '닥나무 밭'이니 이곳에 닥나무가 많이 생장했음을 알 수 있다. 원주는 지금도 호저면뿐만 아니라 산야에서 흔히 볼 수 있는 나무가 닥나무다. 또한 닥나무가 잘 자라기에 알맞은 토양과 기후가 갖춰진 고장으로 알려져 있다. 조선시대『세종실록지리지』「강원도 원주목」에도 닥나무가 원주에서 경작하기 좋은 작물 중의 하나로 기록되어 있다.

원주는 예로부터 한지의 본고장으로 불렸다. 한지를 만드는 원료가 바로 닥나무이다. 한지란 닥나무를 원료로 해 오직 손으로 떠서 만드는 우리의 전통 종이다. 닥나무를 사용했기 때문에 '닥종이'라고도 부른다. 원주에서 생산되는 풍부하고 질 좋은 닥나무가 아름답고 신비로운 한지를 낳은 것이다. 원주 한지에 대해 알고 싶거든 가장 먼저 가야 할 곳이 있다. 무실동에 위치한 원주 한지테마파크다. 그곳에 가면 우리가 미처 몰랐던 한지의 모든 것이 있다.

천년을 사는 종이

원주 한지테마파크는 2010년에 개관했다. 2층으로 된 건물은

원주 한지테마파크 전경 원주 한지의 과거와 오늘을 한눈에 볼 수 있는 장소다. 그곳에 가면 한지의 모든 것이 있다.

단순히 종이 유물만 전시하는 박물관의 역할에 그치지 않는다. 한지에 관한 모든 것을 감상하고 공부하고 체험할 수 있는 한지문화예술 플랫폼이다.

우선 1층 한지역사실에 들어서면 벽에 쓰인 문구가 가장 먼저 눈길을 끈다. "지천년(紙千年) 견오백(絹五百)". '종이는 천년, 비단은 오백년'이라는 말이니, 종이가 천년을 견딘다는 뜻이다. 괜히 마음이 숙연해진다. 그걸 증명이라도 하듯 우리의 한지가 걸어온 역사를 삼국시대 이전부터 일제강점기까지 일목요연하게 보여준다.

특히 통일신라시대의 『무구정광대다라니경』(국보 제126호)은 비록 복제된 전시품이긴 하지만, 세계에서 가장 오래된 목판본을 한지에 인쇄한 불경이라고 한다. 최소한 751년 이전에 제작되었다고 하니 1200년이 훨씬 넘는다. 우리의 전통 한지가 견뎌 온 시간이다.

원주 한지테마파크는 이렇게 오래 살아남은 한지의 유래와 역사, 제작 과정을 재미있는 시청각 자료를 통해 보여준다. 차근차근 따라가다 보면, 한지는 그냥 한번 쓰고 버리는 종이와는 다르다는 깨달음에 저절로 고개가 끄덕여진다. 한지는 얇고 납작하지만 우리의 문명과 문화의 상상력을 불어넣으면 얼마나 풍요롭고 아름답게 변신하는가를 또렷하게 보여주고 있다.

흰 공정을 거쳐 한 장의 종이가 완성된다. '닥나무를
... 싣고, 말리고, 벗기고,...삶고, 두들기고, 고르게 섞고,
...고 아흔아홉 번 손질을 거친 후 마지막 사람이
...을 거쳐 한 장의 한지를 만든다. 그래서
...지(白紙)라고도 하였다.

... a piece of paper after various process. 'Cut,
... mulberry, ... boil, beat, mix, scoop ...' Hanji
...(白紙) because it is created by the hundredth
... after passing through the ninety ninth steps.

한 장의 한지를 얻기까지

한지는 '우리나라 고유의 종이'라는 뜻에서 '한지(韓紙)'라고
쓴다. 또 백지라고도 하는데, 희고 깨끗한 종이라는 의미에서
백지(白紙)이기도 하지만 '일백 백' 자를 써서 '백지(百紙)'라고
도 쓴다. 한지를 만드는 과정을 생각해 보면, 한지를 백지(百
紙)라고 부르는 것에 훨씬 수긍이 간다. 한지 제작 과정은 아

한지 만드는 과정 닥종이로 만든 모형 인형과 소품을 통해 한 장의 한지가 어떻게 만들어지는가를 실감 나게 보여주고 있다.

흔아홉 번의 손을 거친 후 맨 마지막 사람의 백 번째 손길이 닿음으로써 한 장의 한지가 탄생하기 때문이다. 이렇게 한지 만드는 과정은 어렵고도 고단한 긴 인내의 시간이다.

한지 만드는 과정은 닥나무를 채취하는 것에서부터 시작한다. 매년 11월에서 2월 사이 1년생 햇닥을 사용한다. 닥나무를 베고, 삶고 벗기고 찌고 말리고 두드리고 섞고 뜨고 하는 과정을 차례대로 수없이 반복한다. 딱딱한 나무에서 여리고 부드러운 섬유질을 얻어내기까지 거쳐야 하는 과정이다. 그러기에 섬유질을 고루 풀어내고 엇섞어서 마침내 한 장의 한지를 떠내는 순간은 신비롭고 거룩한 생각마저 든다. 길고도 혹독한 과정을 거친 후에야 비로소 질기고 아름다운 한 장의 종이가 탄생하기 때문이다.

한지 공예의 지혜와 아름다움

원주 한지테마파크는 우리 선조들이 일상에서 사용했던 생활용품들을 보여준다. 놀랍게도 모두 종이로 만든 용품들이다. 화병·찻상·모자·지갑·반짇고리·망건통·안경집에서부터 항아리와 장롱에 이르기까지 다양하다. 종이 신발과 종이 옷에 이르러서는 배시시 웃음마저 나온다. 손때 묻은 유물들을 직접 눈으로 보는 일은 흥미롭고 신기한 경험이다. 생활 속에 응용한 한지의 다양한 쓰임새에서 우리 선조들의 지혜와 문화 수준을 엿볼 수 있다.

전통 한지 공예는 제작 기법에 따라 크게 지승공예·지호공예·지장공예·색지공예 등으로 나뉜다. 특별히 눈길을 끌었던 종이 신발과 종이 옷은 모두 지승공예에 속한다고 한다. '지승'이란 종이를 가늘고 길게 찢어 노끈처럼 꼬아서 만든 줄이다. 선비들이 오랫동안 보던 책을 버리지 않고 재활용한 것이라고 하니, 하찮은 종이 한 장도 소중히 다루고 아껴 쓰던 옛 선조들의 정신이 묻어 나는 유물이다.

가는 줄을 그물처럼 엮어 만든 지승옷은 구멍이 숭숭 뚫려 여름옷으로 안성맞춤일 듯싶다. 가만히 들여다보고 있자니, 요즘 유행하는 '시스루' 패션의 원조격이 아닌가 싶기도 하다. 그 옛날 속살이 훤히 들여다보이는 종이옷을 걸치고 있었을 누군가를 생각하는 동안 빙그레 웃음이 입가에 맴돈다.

원주 한지가 걸어온 길

원주가 한지의 본고장이 된 까닭은 좋은 닥나무 생산지라는 지리적 조건과 함께 독특한 역사적 배경이 있다. 원주에는 통일신라시대에 창건된 법천사, 거돈사, 흥법사의 절터가 지금도 남아 있다. 임진왜란 전까지 크게 번성했던 대규모의 사찰들이다. 규모가 컸던 만큼 사찰을 운영하면서 대량의 종이가 소비되었고, 이에 종이를 공급하는 생산시설 또한 크게 번성했을 것이다.

아울러 원주는 조선시대 500년 동안 강원감영이 있던 수부도시였다. 대규모 관청에서 사용하는 종이를 공급하기 위해 감영 주변에 한지를 만드는 부락이 발달하는 것은 자연스러운 일이었을 것이다.

1950년대에도 원주에는 많은 한지 공장이 있었다고 한다. 근대 이후에도 원주 한지 전통을 이어온 셈이다. 한지 산업이 급속히 쇠락하기 시작한 건 1970년대부터다. 이때부터 값싼 펄프로 대량생산할 수 있는 양지(洋紙)가 들어오기 시작했다. 1991년까지만 해도 단구동 주변에 열대여섯 곳의 한지 공장이 있었다고 한다. 하지만 현재 원주에 남아 있는 한지 공장은 우산동에 두 곳뿐이다.

원주 한지의 맥을 잇는 장응열 한지장

그중 한 곳이 장응열 대표가 운영하는 '원주 한지'다. 그의 집안은 조부 때부터 한지와 인연이 있다고 한다. 황해도 연안에서 한지 공장을 운영하던 조부의 가업을 부친이 이어받았는데, 한국전쟁 당시 남으로 내려와 원주 반곡동에 '월운제지'를 설립한 게 1959년이다. 이후 부친이 작고하자 아들인 그가 이어받아 1975년부터 본격적으로 한지 장인의 길로 들어서게 된다.

반세기 가까운 세월 동안 원주 한지의 전통을 지켜오고 있는 셈이다. 지금은 사위와 함께 4대를 이어가며 전통 한지 제작에 온 힘을 기울이고 있다. 100% 닥만을 사용하는 그의 한지는 품질이 뛰어날 뿐만 아니라 천연염료로 염색한 색 한지는 원주 한지의 커다란 자랑거리다. 260여 종에 달하는 색 한지의 영롱함은 눈부시게 아름답다.

그동안의 공로를 인정받아 그는 2019년 강원도 무형문화재 제32호로 지정되어 '한지장'의 칭호를 얻었다. 그는 원주의 소중한 문화 자산이다.

원주 한지의 성쇠와 새로운 도약

오래전 일이긴 하지만 원주 한지의 전통과 명성을 세계에 널리 알린 일도 있었다. 1984년 원주에서 만든 한지가 프랑스 국립도서관에 소장되어 있는 우리 문화재『직지심경』의 영인본 한지로 납품되기도 했다. 1985년에는 한국 공업진흥청으로부터 한지가 700년을 견딘다는 품질관리인증을, 2002년에는 국제표준화기구에서 ISO9001을 인증받았다.

그런 영예도 잠시뿐, 모든 생활 영역에서 한지의 용도는 갈수록 줄어들고 있다. 한지의 산업적, 문화적 가치가 모두 쇠락해 가고 있는 실정이다. 이에 원주시에서는 원주 한지 산업 발전을 위해 다각도로 노력하고 있는 중이다. 2006년에는 정부로부터 원주가 전통 옻 · 한지산업특구로 지정받기도 했다.

쇠퇴하는 한지의 전통을 살리고 한지 문화의 복원과 계승을 위한 노력은 시민사회로까지 이어져 왔다. 그 노력의 결실이 바로 1999년부터 시작된 한지문화제다. 이어서 2001년에는 원주 시민의 힘으로 사단법인 한지개발원이 설립되었다. 한지개발원은 원주 한지의 보존과 육성, 한지를 통한 새로운 문화예술의 창조라는 목표 아래 설립된 순수 민간단체다.

한지로 피워올린 문화와 예술, 한지문화제

매년 5월 펼쳐지는 한지문화제는 원주만의 독특한 축제 자산이다. 2023년 현재 25회째를 맞는 동안 원주의 대표 축제로 자리 잡았다. 축제 기간에는 한지를 활용한 다양한 놀이와 체험 프로그램이 한지테마파크와 야외 공연장 가득 펼쳐진다. 한지 뜨기 체험, 한지 공예품 만들기는 물론 한지 패션쇼에 이르기까지 다채로운 행사가 연일 이어진다.

근래에는 팬데믹으로 인해 일부 행사는 온라인으로 진행되기도 했다. '방구석 온라인 한지 키트'는 원주 시민뿐만 아니라 전국에서 한지 축제를 즐길 수 있는 새로운 인기 프로그램으로 자리 잡았다. 2022년에도 온·오프라인 동시 행사를 개최했는데, 온라인 71만 명, 오프라인 관람객 32만 명이 참가해 모두 100만이 넘는 관람객이 축제를 즐겼다고 한다.

축제는 낮에만 한정되지 않는다. 해가 지고 어두워지면 또 다른 풍경이 원주 시민은 물론 관광객의 시선을 단박에 사로잡는다. 온갖 형태의 한지 등에 불이 켜지면 원주의 밤하늘은 아름다운 빛으로 휘황하게 빛난다. 한지문화제의 하이라이트다. 행사 기간 내내 원주는 밤낮으로 오색의 한지에 물든다.

한지문화제는 국내에만 국한되지 않는다. 지난 2005년 파리를 시작으로 그동안 도르트문트 · 뉴욕 · 상하이 · 오사카 · 로마 · 런던 등 세계 여러 도시에서 12차례 한지문화제를 성대히 개최했다. 원주 한지의 아름다움과 우수성을 널리 알리는 동시에 우리의 전통문화를 소개하는 좋은 국제교류의 장이 되었다.

한지 등의 아름다움 오색의 한지 등에 불을 밝히면 원주의 밤하늘은 온통 휘황한 불빛으로 물든다. 한지문화제의 하이라이트다.

한지문화제를 또 한 번 빛내는 것은 대한민국한지대전이다. 2023년 현재 23회째를 맞는 행사로 한지문화와 한지문화산업을 계승, 육성하며 신진작가를 발굴하고자 하는 취지의 공모전이다. 전통, 현대, 닥종이인형 세 분야로 나누어 열리는데, 수상 작품들은 원주 한지테마파크 2층 기획전시실에서 만날 수 있다. 한지와 타 예술 분야가 만나 펼쳐 내는 오묘한 작품들은 신비롭고 아름답다.

첨단 디지털 영상시대에 맞춰 한지문화제는 근래에 새로운 변화를 모색하고 있다. 한지라는 아날로그 매체와 디지털 매체인 미디어아트가 만나 새로운 예술 장르를 선보이기 시작했다. 따뜻하고 부드러운 한지의 질감과 차갑고 날카로운 이미지의 첨단 디지털 기술을 융합시킨 미디어아트 작품들은 대단히 독창적이고 신선하다. 여기에 빛과 사운드를 가미하면 예전에는 한번도 보지 못한 입체적인 한지 예술을 구현하게 된다. 전통 한지 예술과 첨단 기술의 융합은 원주 한지가 나아갈 미래의 모습을 미리 보여주는 듯하다.

20

원주역사박물관
원주의 역사와 내력을 탐험하는 시간

원주가 알고 싶거든 꼭 가야 할 장소가 있다. 원주역사박물관
이다. 그곳에 가면 원주가 걸어온 시간을 되짚어 아득한 과거
의 원주를 만날 수 있다. 유서 깊은 장소와 유적지를 한눈에
볼 수 있으니 원주 여행의 출발지로 삼아도 좋다.

　박물관 안을 천천히 걸으면 유리관 속의 유물들이 말을 걸
어온다. 가만히 귀기울이면 원주의 오래된 역사와 사람들이
살아온 자취를 조곤조곤 들려주기 시작한다. 원주가 품고 있
는 이야기와 속살을 오롯이 만나는 시간. 원주를 탐험하는 시
간이다.

　2층으로 된 박물관의 외관은 개성적이고 아름답다. 지

원주역사박물관 전경 2000년 원주시립박물관으로 문을 연 이래 원주의 역사와 문화, 민속 등 모든 것을 한자리에서 보여준다. 원주 여행의 출발 지점이다.

난 2000년 '원주시립박물관'이란 이름으로 개관했으니 벌써 20년이 훨씬 넘는다. 2010년 원주역사박물관으로 명칭이 바뀌면서 지금에 이르고 있다. 오래된 도시답게 원주에는 다양한 박물관이 있다. 조엄기념관, 임윤지선양관, 반곡역사관 그리고 최근에 개관한 법천사지 유적전시관이 있다. 모두 원주역사박물관에서 관리·운영하고 있다.

얼굴이 뭉개진 석불과의 만남

나는 원주역사박물관을 생각하면 가장 먼저 떠오르는 유물 한 점이 있다. 몇 해 전 몹시 무덥던 여름날, 박물관 안에서 만났던 석불좌상이다. 얼굴이 뭉개진 석불 앞에서 나는 더위도 잊은 채 오랫동안 머물다 돌아온 적이 있다. 지금도 나의 원주역사박물관 여행은 이 석불이 쏟아내는 침묵과 고요의 세례로부터 시작한다. 석불의 이름은 봉산동 석불좌상(강원도 유형문화재 제68호)이다.

고려 전기 무렵에 만들어졌다고 하니 천년이 넘는 석불이다. 대단한 문화재는 아니지만 이 석불에 흥미를 느낀 이유는 다른 데 있다. 출토 당시 머리가 없어 얼굴이 뭉개진 다른 석불의 머리를 얹었다는 점이다. 머리와 몸통이 제각각인데다 눈이며 코며 입이며 귀까지 모든 감각기관을 잃어버린 저 석불. 저 기묘한 형상을 볼 때마다 엉뚱한 상상을 해보곤 했다. 감각의 출입구를 모두 잃어버린 순간, 캄캄해진 세상 대신 저 석불의 내면에는 어쩌면 화엄의 장엄불이 환하게 켜지지 않았을까, 생각해 보는 것이다.

남의 머리를 제 머리에 얹고서도 아무 일 없었다는 듯이 천년 동안 고요한 저 석불의 자세에도 꼼짝없이 붙들렸다. 지금 박물관 밖에는 폭염이 쏟아지고 있는데, 나는 저 입 없는 석불이 쏟아내는 고요에 붙들려 정수리에서부터 침묵의 폭포

봉산동 석불좌상 얼굴이 뭉개진 석불 앞에서 나는 늘 내면에서 울려오는 침묵의 소리를 듣는다. 박물관 안에서 내가 가장 좋아하는 유물 중 하나다.

수를 뒤집어쓰고 있다는 시적 상상에 빠지기도 했다. 이렇게 박물관 유물들은 때론 전복적 사유를 불러온다는 데 묘한 매혹이 있다.

선사시대에서 일제강점기까지

1층의 역사실이 관람의 첫 번째 순서다. 말 그대로 원주 역사를 구체적이며 압축적으로 보여주는 방이다. 시기는 선사시대에서 일제강점기에 이른다. 원주 각지에서 출토된 구석기와 신석기, 청동기와 철기 시대 유물이 유리관 안에 가지런하다. 유물들은 특히 남한강과 섬강 유역을 중심으로 선사문화를 꽃피웠다고 알려준다. 수만 년 전부터 원주에서 사람이 살았다는 뚜렷한 증거다.

삼국시대를 거쳐 고려시대에 화려했던 불교문화의 흔적 또한 원주의 자랑거리다. 폐사지에서 출토된 유물은 물론 지광국사현묘탑비의 탁본의 위용이 전시실 안을 환하게 밝힌다. 500년 강원감영의 영광과 향교를 중심으로 한 서원문화의 자취 또한 원주가 간직한 소중한 문화유산이다.

일제강점기, 원주에서도 독립을 위한 만세 소리가 그치지 않았다. 원주를 중심으로 한 의병운동의 기억은 색바랜 사진 속이나 모형 인형으로 남아 이곳을 찾는 이들의 가슴 한켠을 적셔준다. 역사실을 한 바퀴 돌고 나오면, 수만 년 원주의 역사가 소략한 대로 얽힌 실타래 풀린 듯 가지런해진다. 1층 역사실을 나와 2층으로 오르기 전 반드시 들려야 할 방이 있다. 역사실 건너편에 있는 현석실이다.

원주 출신 최규하 10대 대통령

현석실은 원주 출신인 최규하(1919~2006) 대통령을 기념하기 위해 만든 방이다. 현석(玄石)은 그의 호다. 재임 기간 (1979.12~1980.8)은 길지 않았지만 당시 국내의 엄혹했던 정

최규하 대통령의 자동차 번호판 대신 붙어 있는 청와대 휘장이 이채롭다. 뒤쪽으로 대통령의 사진이 보인다.

치 상황 속에서 그는 대한민국 제10대 대통령을 지냈다.

지난 2010년 유족들은 고인의 뜻에 따라 생전에 사용하던 생활용품과 사진 자료 등 3,000여 점을 원주시에 기증했다. 기증받은 유품 중에서 100여 점을 선별해 기념실로 꾸민 것이다.

전시된 유품들은 고인이 사용하던 구두·의류·필기도구·스탠드·메모지·모자·식기류 등 다양하다. 외교관과 대통령을 지낸 공직자였지만 평생 소박하고 청렴했던 그의 성품을 엿보게 해주는 물건들이다. 특히 기념실 가운데를 차지하고 있는 프랑스제 푸조 자동차가 흥미롭다. 대통령 시절 비공식 나들이나 원주 방문 때 타던 자동차인데, 아직 번호판에 청와대 봉황 휘장을 붙이고 있어 눈길을 끈다.

대통령은 평소 고향 원주에 대한 사랑이 깊었다고 한다. 그래서였을까. 현재 박물관은 대통령이 희사한 땅에 건립된 것이라고 한다. 박물관 후문 쪽으로 나가면 아늑하고 반듯한 한옥을 볼 수 있는데, 대통령이 어린 시절을 보낸 옛 집터를 기념하기 위해 지은 집이다.

원주의 민속 생활을 한눈에

2층의 민속생활실은 원주가 오래전부터 지켜온 토착신앙, 풍수지리, 민속놀이, 세시풍속의 면모를 잘 살펴볼 수 있는 공간이다. 가령 매지리에서 전통을 이어오고 있는 매지농악은 강원도 무형문화재 제18호로 지정되어 원주를 대표하는 문화유산으로 계승되고 있음을 알려준다.

시청각 기기를 통해 원주에 전해 지는 구비설화, 방언과 속담 등도 재미있게 알아볼 수 있어 그냥 지나치기 어렵다. 하지만 민속생활실에서 우리의 발길을 오랫동안 붙드는 특별한 코너가 있다. 탄생에서 죽음까지 우리 민족의 생활사를 일목요연하게 보여주는 유물과 자료들이다. 출생에서부터 관혼상제는 사람이라면 누구나 거쳐야 하는 일생의 통과의례다. 그 때마다 우리 조상들의 삶에서 한지가 어떻게 쓰였는지 보여주는 유물들은 한지의 도시다운 원주만의 특색을 잘 구현하고 있다.

나전칠기와 옻칠공예의 도시 원주

민속생활실에서 나오면 맞은편에 전시실 하나가 눈에 띈다. 일사 김봉룡실이다. 그가 누구인지 궁금하다면 전시실 왼쪽에 정리해 놓은 그의 이력을 살펴보면 된다. 일사 김봉룡(1902~1994) 선생은 충무 출신으로 1967년 중요무형문화재 제10호 나전칠기장으로 지정되었다고 한다. 이듬해인

1968년 원주로 이주해 타계하기 전인 1993년까지 줄곧 원주에서 작품 활동을 했다고 소개하고 있다.

그러니까 김봉룡실은 나전칠기의 장인으로서 그가 만든 작품들과 작품 제작 과정, 원주에서의 행적과 업적 등을 살펴볼 수 있는 공간이다. 그가 남긴 나전칠기 작품들은 섬세하고 아름다운 예술 작품이었으나, 이 전시실을 둘러보며 새삼 떠오른 생각은 옻칠공예 도시로서의 원주의 위상이었다.

원주가 오래전부터 우수한 옻 생산지라는 것은 널리 알려진 사실이다. 원주 옻의 우수성은 원주지역 고유의 지형·지질·기후 등 자연적 특징에 기인하며 옻나무 생육에 최적의 지리적 환경을 갖추고 있다고 한다. 지금도 원주는 옻칠공예의 전승과 활성화를 위해 다각도로 노력하고 있다.

치악산국립공원 구룡사 방면으로 가다 보면 도로변에 '옻칠기공예관'이라고 쓰인 건물을 볼 수 있다. 원주산 옻칠기의 홍보와 전시, 판매를 위해 2001년 개관한 곳이다. 2002년 4월에는 '원주참옻'이란 고유의 상표권을 등록해 지역 향토재산을 보호하는 조치를 취하기도 했다. 2009년에는 박물관에서 멀지 않은 봉산동에 원주 옻문화센터를 개관해 전통 옻칠공예의 기술을 전승하는 다양한 교육과 체험 프로그램을 운영하고 있다. 원주시가 2001년부터 개최해 온 한국옻칠공예대전은 2022년 현재 21회째를 맞고 있다. 국내 최대 규모인 공예대전을 통해 그동안 수많은 신진 공예 작가들을 배출했다.

원주 출신도 아닌 김봉룡 선생의 작품을 박물관에 안치한 것은 그가 원주로 이주한 후 원주가 칠공예 도시로 발전하는데 기여한 그의 공적을 기리기 위해서일 것이다. 전시실 안의 한 안내문은 그의 업적을 이렇게 적고 있다.

"원주는 1968년 일사 김봉룡 선생이 이주를 한 이후 칠공예 도시로 비약적인 발전을 하고 있다. 일사 김봉룡 선생은 원주 정착 이후 오직 원주 옻칠, 나전칠기의 원주 정착을 위해 각고의 노력을 하였다. 그리고 전통을 지키면서도 새로운 지평을 여는 다양한 업적들을 원주에서 일궈냈다."

일사 김봉룡실은 평생을 나전칠기 장인으로 산 한 예인의 삶과 함께 옻칠공예 도시 원주의 오래된 향기도 풍기는 아름다운 방이었다.

21

반곡동 혁신도시
신석기 집터에서 미래형 도시로

2000년 이후 원주가 크게 변했다. 반곡역을 등진 채 멀리 내려다보면, 완전히 딴 세상이다. 최첨단 빌딩과 고층 아파트, 잘 구획된 도로와 공원이 눈앞에 펼쳐진다. 옛 마을이 사라진 자리에 신도시가 들어선 것이다.

반곡동 혁신도시를 걷는 시간은 원주의 과거와 현재 그리고 미래를 동시에 탐험하는 시간이다. 한 걸음 옮길 때마다 켜켜이 쌓인 시간의 적층이 한 꺼풀씩 벗겨진다. 단 10여 년 만에 옛 마을이 신도시로 탈바꿈했지만, 도시가 되기 전 이 땅에는 수천 년의 시간이 매장되어 있었다.

발굴된 5,000년의 시간

예전의 반곡동은 원주에서도 변두리에 속하는 마을이었다. 그런 마을이 첨단 도시로 바뀐 건 2000년 이후의 일이다. 참여정부 시절인 2005년 12월 '혁신도시 입지선정 지침'에 따른 평가를 통해 전국의 아홉 개 도시와 함께 원주가 혁신도시 입지지역으로 선정된 것이다. '혁신도시'란 수도권에 밀집한 공공기관을 이전해 지방의 균형발전을 추구한다는 목표로 계획된 미래형 도시 개념이다.

원주 여러 지역 중에서도 반곡동에 혁신도시가 조성되면서 상전벽해의 변화를 겪게 된 것이다. 2007년부터 공사를 시작해 10년 만인 2017년에 혁신도시를 준공해 오늘에 이르고 있다. 100만 평이 넘는 부지에 현재 한국관광공사 · 대한석탄공사 · 국민건강보험공단 · 건강보험심사평가원 등 13개 정부산하 공공기관이 입주해 있다.

흥미로운 것은 혁신도시 조성을 위한 터 닦기 공사 중에 수많은 유물과 유적이 출토되었다는 점이다. 2008년부터 2010년까지 진행된 매장문화재 발굴 작업을 통해 수습한 유물만 해도 800여 점이 넘는다. 시기적으로는 신석기시대부터 조선시대에까지 걸쳐 있다고 하니, 5,000년의 역사가 도시보다 먼저 우리 앞에 모습을 드러낸 셈이다. 단순한 유물이

아닌 신석기 집터는 반곡동에서 처음으로 발견된 유적이라고
한다.

반곡역사관

반곡역사관은 2019년 4월 29일 개관했다. 혁신도시 내에서
발굴된 유물 중 500여 점을 전시하고 있다. 빗살무늬토기에
서부터 조선시대 숟가락까지 있다. 빗살무늬토기에 음식을
담아 먹었던 신석기인들. 그들이 반곡동의 첫 주민이었다. 그

반곡역사관 전경 혁신도시 터 닦기 공사 중 발굴된 유물 500여 점을 전시하고 있다. 신석기
시대부터 조선시대까지의 유물이 출토되어 원주가 유서 깊은 도시임을 알려주고 있다.

들이 살던 집터와 깨진 토기들이 유리관 안에서 5,000년의 시간을 베고 고요히 잠들어 있다.

　신석기인들이 반곡동의 첫 주민이었다면, 청동기시대 집단 거주지역은 3,000년 전 반곡동의 첫 마을이다. 마을을 이루고 벼농사를 짓고 추수하던 마을 주민들은 삼국의 정립과 함께 첫 고대국가의 백성이 되었을 것이다.

　고려시대에 기와를 굽던 가마터가 치악산 기슭에서 발견

역사관 내 전시된 토기들 선사시대의 토기들이 다량 출토되어 반곡동에 일찍이 선사문화가 꽃피었음을 보여주고 있다.

280

된 것도 많은 사람들의 관심을 끌었다. 그 시절 원주에서 대규모 건축물이나 사찰을 짓는 공사가 빈번했음을 알려주기 때문이다. 실제로 조선시대 집터까지 적지 않게 발견되었으니, 저 아득한 신석기시대부터 조선시대까지 반곡동은 수많은 사람들이 살면서 다양한 문화와 문명을 꽃피웠던 원주 시민들의 오래된 고향이었다.

흩어진 반곡동 사람들

반곡역사관 1층에는 '고향관'이라는 방을 따로 두고 있다. 혁신도시가 들어오기 전, 이곳에 뿌리를 내리고 살았던 사람들과 마을의 풍경을 담은 사진들을 전시하고 있다. 이제는 모두 사라지고 흩어진 마을과 사람들의 풍경이다. 사라진 풍경들을 마음에 담은 채 역사관을 나와 입춘내 수변공원을 걷는다. 반곡동 입춘내천은 치악산에서 흘러내려 혁신도시 사이를 흘러가는 하천이다. 곡선으로 흐르는 물길을 중심에 두고 주변에 크고 작은 공원들이 조성되어 있다. 공원을 한 구비 돌 때마다 첨단의 빌딩들이 제각각 현대적 건축미를 자랑하며 즐비하게 서 있다.

가까운 치악산의 수려한 풍광을 배경으로 도시와 자연, 산과 물, 현대와 과거가 공존하는 반곡동 신도시. 그 한복판을 걸으며 옛 마을들의 이름을 하나씩 떠올려본다. 봉대 · 배울 · 뱅이두둑 · 뒷골 · 버들만이 · 서리실 …… 참 아름다운 이름이지만 이제는 모두 사라진 마을이다.

마을들은 공원이나 거리의 이름으로 바뀌어 옛 흔적만을 간직하고 있다. 혁신도시를 걷다 보면, 서리실사거리 · 뒷골공원 · 봉두생태통로 · 버들만이삼거리 등과 같은 표지판을 만나게 된다. 그 이름들 속에 그 옛날 반곡동 사람들의 행복했

혁신도시의 아름다운 야경 반곡역을 등지고 내려다보면 옛 마을이 사라진 자리에, 첨단의 신도시가 화려한 불빛을 내뿜고 있다. 변화하는 원주의 모습 중 하나다.

던 시절과 고단했던 삶의 무늬가 새겨져 있음을 아는 이 몇이나 될까 싶다.

미래를 향한 비상

혁신도시가 완공되면서 반곡동으로 유입된 인구가 많아졌다. 인구가 늘면서 수도권의 공공기관 이외에도 지역의 여러 공공기관들이 혁신도시로 이주했다. 원주지방국토관리청·원주지방환경청·북부지방산림청 등의 입주가 줄을 이었다. 명실공히 공공 타운의 모습을 갖춰 가고 있다.

반곡동 혁신도시는 새로운 비상을 준비 중이다. 원주시는 2005년 혁신도시로 선정될 당시 기업도시에도 동시에 선정되는 기쁨을 맛봤다. 전국에서 처음 있는 일이라고 한다. 지정면 일원에 건설된 기업도시는 2008년부터 '원주 지식기반형 기업도시 개발 사업'이라는 명칭으로 시작되어 2019년 14개 기업체가 입주 완료했다. 주로 의료·제약·건강바이오 산업 등 첨단 산업의 거점으로 육성한다는 계획이다. 뿐만 아니라 원주시는 부론면에 일반 산업단지를 조성하고 있다. 부론산업단지는 2018년 정부로부터 디지털 헬스케어 국가산업단지 후보지로 지정된 데 이어 국가혁신 융복합단지에도 포함되었다.

원주시는 혁신도시·기업도시·부론산단의 산업적 연계를 추진하고 있다. 세 거점지역을 하나로 묶어 디지털 헬스케어 산업을 특화해 첨단 의료기기 산업 클러스터를 조성할 계획이다. 첨단 의료기기 산업의 메카라는 기존의 지역적 특성을 살려 생명·건강 산업의 수도를 목표로 한다는 계획은 애당초 혁신도시 기본구상과도 일치하는 발전전략이다.

최근에는 혁신도시 내에 도심형 복합 실내 촬영 세트장이 건립된다는 소식이 전해졌다. '영상콘텐츠 소프트웨어 진흥센터'로 지하 4층 지상 20층에 이르는 대규모 시설이다. 2023년

준공이 되면, 드라마 영화뿐만 아니라 각종 영상물을 촬영할 수 있는 국내 최대 규모의 실내 촬영 세트장 및 다양한 부대시설이 들어선다고 한다.

본 시설이 문을 열면 지역경제 활성화와 관광객 유치에도 도움이 되겠지만 영상 콘텐츠 문화예술 산업의 랜드마크로 반곡동 혁신도시가 한 번 더 도약하는 계기가 될 것이다.

참고 자료

국립문화재연구소, 『고려 미·상, 지광국사탑을 보다』, 2018.

고주환, 『나무가 민중이다』, 글항아리, 2011.

고주환, 『나무가 청춘이다』, 글항아리, 2013.

김삼웅, 『장일순 평전-무위당의 아름다운 삶』, 두레, 2019.

김소남, 『협동조합과 생명운동의 역사; 원주지역의 부락개발, 신협, 생명운동』, 소명출판, 2017.

김은철 편저, 『원주지명총람』, 원주시, 2020.

김정남, 『이 사람을 보라-어둠의 시대를 밝힌 사람들』, 두레, 2012.

김정남, 『이 사람을 보라-인물로 보는 한국민주화운동사』, 두레, 2016.

김정남, 『진실, 광장에 서다-민주화운동 30년의 역정』, 창비, 2005.

김재일, 『생태기행① 중부권』, 당대, 2001.

데이비드 핼버스탬 지음, 정윤미·이은진 옮김, 『콜디스트 윈터; 한국전쟁의 감추어진 역사』, 살림, 2009.

박경리, 『신원주통신-가설을 위한 망상』, 나남, 2007.

박완서 외 17인, 『수정의 메아리-박경리의 삶과 문학』, 솔, 1995.

서영일, 「남한강 수로의 물자유통과 흥원창」, 『사학지』 37, 2005.

유몽인 외 지음, 정민·이홍식 편역 『한국 산문선4-맺은 자가 풀어라』, 민음사, 2017.

유홍준, 『나의 문화유산답사기8-남한강편』, 창비, 2015.

이인재, 『북원경과 남한강 불교문화』, 혜안, 2016.

이중환 지음, 안대회·이승용 외 옮김, 『완역 정본 택리지』, 휴머니스트, 2018.

원주시사편찬위원회, 『원주시사』, 원주시, 2000.

원주문화원, 『천년고도 원주의 길』, 2020.

장영민, 『원주 역사를 찾아서』, 경인문화사, 2004.

정성권, 「원주지역 주요 사지 석탑의 편년과 의의: 거돈사지, 흥법사지, 법천사지 석탑을 중심으로」, 『한국고대사탐구』 25집, 2017.

지학순정의평화기금 엮음, 『그이는 나무를 심었다 – 지학순 주교의 삶과 사랑』, 공동선, 2000.

최일성, 「흥원창 고찰」, 『상명사학』 3·4합집, 1991.

최재석, 『원주 근대건축을 찾아서』, 서우, 2004.

편일평, 『페이퍼로드 기행』, MBC프로덕션, 2009.

홍금수, 「고려시대 흥원창과 법천, 거돈, 흥법 원주 3대 강변사찰」, 『대한지리학회지』 제54권 제6호, 2019.

황동규·김봉엽, 『한국의 마을숲』, 지식과 감정, 2020.

J.D. 콜맨 지음, 허경구 옮김, 『한국전쟁의 전환점, 원주』, 옛오늘, 2002.

사진 제공

ⓒ가톨릭평화신문 : p.125, p.127, p.129, p.188

ⓒ국립공원관리공단 : p.231

ⓒ국립중앙박물관 : p.112, p.113

ⓒ규장각한국학연구원 : p.27

ⓒ문화재청 : p.88, p.91

ⓒ원주문화재단 : p.37

ⓒ원주시청 : p.20, p.21, p.177, p.236

원주 연표

선사시대
부론면(구석기),
반곡동(신석기),
문막(청동기) 등에서
유물 출토

757년
북원경이라 불림

469년
평원군으로 불림

1308년
원주목으로 승격

4C 중엽
마한 동쪽에 위치,
후에 백제의 영토가 됨

940년
'원주'라는 명칭
최초로 사용

1395년
강원감영 설치로
수부도시가 됨

678년
북원소경 설치

1898년
용소막성당 설립

1962년
성황림, 천연기념물
제93호로 재지정

1940년
4월 1일 학성동
원주역 개통

1896년
원동성당 설립

1955년
원주시로 승격

1963년
아카데미극장 개관

1910년
대안리 공소 축성식

1965년
중앙시장이 첫
상설시장이 됨

1976년
1월 23일
원동성당에서
'원주선언' 발표

1999년
한지문화제 시작

2005년
혁신도시와
기업도시 유치

1974년
9월 24일 지학순
주교 구속사건으로
원동성당에서
천주교정의구현전국사제
단 태동

2000년
11월 14일
원주역사박물관 개관

1994년
8월 15일 박경리 작가,
장편 대하소설 『토지』 완간

2010년
한지테마파크 개관

2014년

행구수변공원 개장

2022년

소금산 그랜드 밸리 개장

2012년

원주 다이내믹 댄싱
카니발 시작

2019년

유네스코 문학
창의도시에 선정

2013년

5월 뮤지엄 산 개관

2021년

1월 5일 무실동에
새 원주역사 개통

2018년

강원감영 복원 사업 완료

대한민국 도슨트 12

원주

1판 1쇄 인쇄 2023년 12월 6일
1판 1쇄 발행 2023년 12월 15일

지은이 김경엽
펴낸이 김영곤
펴낸곳 ㈜북이십일

TF팀 이사 신승철
TF팀 이종배
출판마케팅영업본부장 한충희
마케팅1팀 남정한 한경화 김신우 강효원
출판영업팀 최명열 김다운 김도연
제작팀 이영민 권경민
지도 일러스트 최광렬
디자인 씨오디

출판등록 2000년 5월 6일 제406-2003-061호
주소 (10881) 경기도 파주시 회동길 201(문발동)
대표전화 031-955-2100 팩스 031-955-2151 이메일 book21@book21.co.kr

(주)북이십일 경계를 허무는 콘텐츠 리더

대한민국 도슨트 채널에서 도서 정보와 다양한 영상자료, 이벤트를 만나보세요!
포스트 post.naver.com/travelstudy21
인스타그램 www.instagram.com/k_docent

ISBN 979-11-7117-218-4 04900
     978-89-509-8258-4 (세트)